编辑委员会

主　任　李　诗　郭　静

副主任　武义泉　刘清喜　李　云
　　　　史发翠

委　员　汤茂荣　李福新　王　勇
　　　　詹世清　熊兆发

主　编　李福新

副主编　王　勇　詹世清

撰　文　李福新

摄　影　杨　力　易锋戈

红星照耀鄂豫边

宜城市博物馆 编

文物出版社

图书在版编目（ＣＩＰ）数据

红星照耀鄂豫边 ／ 宜城市博物馆编． —— 北京 ： 文
物出版社，2016.6

　　ISBN 978-7-5010-4635-5

　　Ⅰ．①红… Ⅱ．①宜… Ⅲ．①革命史－史料－湖北省
－图集 Ⅳ．①K296.3-64

中国版本图书馆CIP数据核字(2016)第135097号

红星照耀鄂豫边

编　　者：宜城市博物馆

责任编辑：王　伟

责任印制：梁秋卉

出版发行：文物出版社

社　　址：北京市东直门内北小街2号楼

网　　址：http://www.wenwu.com

邮　　箱：web@wenwu.com

经　　销：新华书店

制版印刷：北京图文天地制版印刷有限公司

开　　本：889×1194　1/16

印　　张：9.5

版　　次：2016年6月第1版

印　　次：2016年6月第1次印刷

书　　号：ISBN 978-7-5010-4635-5

定　　价：168.00元

目　录

鄂 豫 邊

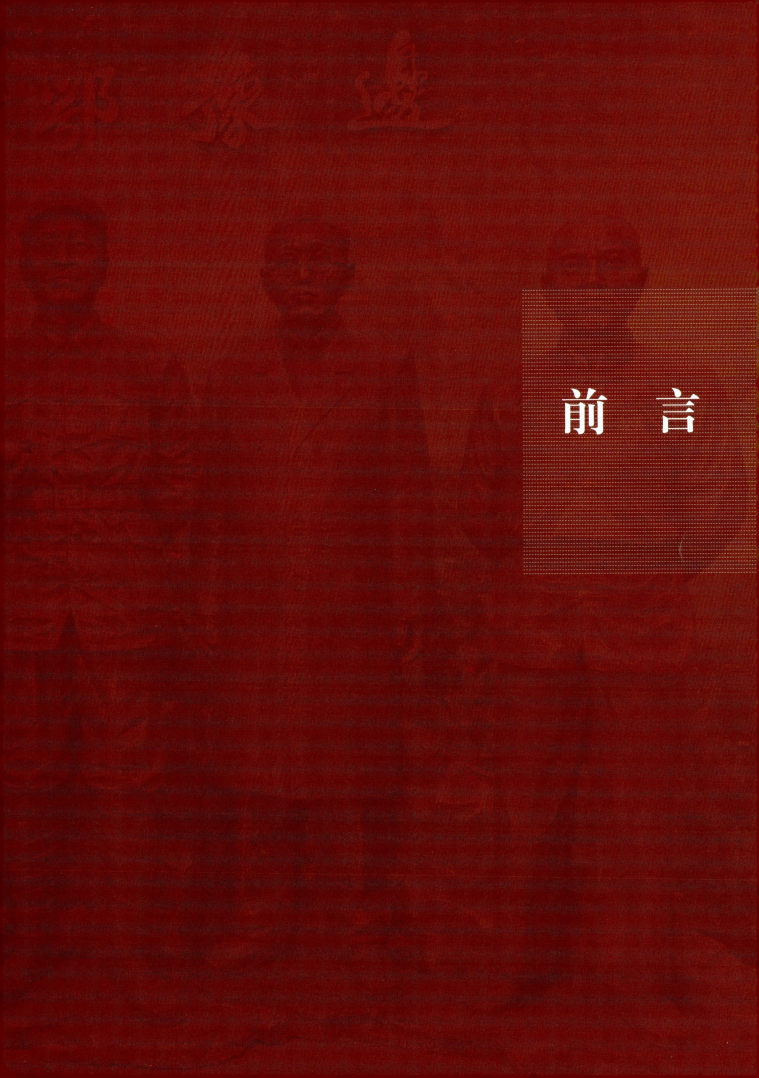

前　言

风起云涌汉江潮，烽火连天鄂豫边。

鄂豫边，一个诞生在我党土地革命战争时期的地域名称。它像号角，将湖北北部和河南西南部的志士仁人召唤到了党的旗帜下。

鄂豫边，一个令鄂豫两省人民永远不能忘怀的名称。这是因为，在这里，人们发现了一群像蜡烛一样，甘愿燃烧自己去照亮别人的人。这群人，就是中国共产党人。是他（她）们让鄂豫边区的劳苦大众第一次品尝到了当家作主人的滋味，第一次感受到了拥有自由、土地的幸福。

鄂豫边，一个令反动派极端仇视的名称。这是因为，鄂豫边区人民在共产党的领导下，打土豪，分田地，建立民主政权，从根本上动摇了封建地主阶级的统治基础，引起了国民党反动派的极度恐惧，为消灭鄂豫边根据地，他们多次对根据地进行清乡和围剿，数万名鄂豫边区的共产党员和革命群众倒在血泊之中。

鄂豫边，一个镌刻在历史丰碑上的名称。这是因为，在那血雨腥风的日子里，鄂豫边区人民不畏强暴，不怕挫折，不惜牺牲，前赴后继，为了共产主义理想，为了新中国的诞生，他（她）们或血染疆场，或笑吻屠刀，或遭"左倾"路线迫害而冤死，然而更多的则是从血泊中站起来，又投入新的战斗。他们的英名和事迹将与青山同在，与日月同辉！

红星照耀鄂豫边

　　大革命前的鄂豫边区长期处于军阀统治之下，政治黑暗，经济落后，社会腐败，民生凋敝。为生存，鄂豫边区的劳苦大众也曾揭竿而起，英勇抗争，但终未成功。当历史进入20世纪初，俄国十月革命的一声炮响和我国五四运动的兴起，唤醒了富有斗争精神的鄂豫边区人民，他们中的一大批进步青年高举民主与科学的旗帜，对腐朽的封建思想和文化开展了猛烈的抨击，唤醒了民众的觉悟，为马克思主义在鄂豫边区的传播奠定了深厚的思想基础。

　　五四运动之后，鄂豫边区的先进分子以救国救民为己任，大力宣讲马克思主义，把共产主义的甘露洒在了鄂豫边的土地之上，使中国共产党的组织在鄂豫边区的诞生和发展成为必然。

　　1925年1月，中国共产党在上海召开了第四次全国代表大会，作出了《对于组织问题之决议案》，要求全党在全国范围内积极建立、健全党的组织。一时间，那些在莫斯科、在武汉、在南京、在襄阳、在开封、在南阳、在信阳求学的党团员纷纷回到家乡，投身于工农群众之中，发展党团员、组建党团组织、开展工农运动，建立统一战线。他们象一颗颗火种，点燃了鄂豫边区的革命烽火。

播撒火种

　　在鄂北，最早播撒革命火种的是我党早期著名的理论家、革命活动家萧楚女。1920年9月和1924年初，他先后两次来到设在襄阳的湖北省立第二师范学校（以下简称襄阳二师）任教。他利用教学的合法讲台，向学生宣讲马列主义，并注重考察、培养学生中的先进分子，为鄂北地区党组织的创建，储备了可靠的骨干力量。

　　在豫西南，最早接触马克思主义的是1922年唐河县师范学校的学生徐耀宗等人，他们从外地邮购《新青年》等进步刊物进行学习。1923年，黄山农在唐河县第一高等小学向学生宣传俄国十月革命和马克思主义。同年春夏之交，萧楚女随河南泌阳籍学生祁修文来到泌阳，向学生、教师、农民宣讲《新青年》等进步刊物。与此同时，在襄樊求学的唐河、邓县、南阳、新野籍的学生亦利用假期纷纷返乡，宣传革命理论，为中共党组织在南阳的创建，做了思想上的准备。

萧楚女，中国共产党早期著名的理论家、革命活动家，鄂豫边区革命的播种人，原名树烈，又名萧秋，于1891年4月生于今湖北省武汉市汉阳区一个小商家庭。1922年加入中国共产党。历任中国社会主义青年团中央委员会委员，国民党中央宣传部干事，黄埔军校政治教官。曾协助恽代英编辑《中国青年》，协助毛泽东编辑《政治周报》。1927年4月15日，在广州的反革命大屠杀中被国民党反动派逮捕。在狱中，萧楚女受尽酷刑，但始终坚贞不屈，4月22日被杀害于广州南石头监狱。时年36岁。

《新青年》杂志是20世纪20年代中国最具影响力的进步刊物。于1915年9月15日创刊于上海。前期发起新文化运动，倡导科学（"赛先生"，Science）、民主（"德先生"，Democracy）和新文学。后期成为中国共产党早期的宣传刊物。

《向导》周报是中共中央编辑出版的第一批政治机关报之一。1923年10月20日创刊于上海。该报的主要任务是：宣传中国共产党的民主革命纲领和以促进国共合作为中心的统一战线策略，批驳改良主义主张。

萧楚女在襄阳二师
任教时的住所。

黄山农（1892—1962），曾用名黄民豪，今湖北省枣阳市新市
镇杨庄村人，系老一辈无产阶级革命家黄火青的长兄。是最早
在河南省唐河县宣传马克思主义的进步人士之一。土地革命时
期，曾在河南桐柏县胡店组织农民协会并任会长。抗战时期，
任桐柏县平氏镇平氏小学校长，邀请多名共产党员和进步人士
到校任教，使校内抗日气氛异常活跃。新中国成立后，历任襄
阳专署农场场长，农业专科学校校长。1962年12月8日病故于
沈阳。

襄阳二师学潮

　　襄阳二师学潮发生的导火索是1924年春二师学生左觉农、程欣抗议庸师考试要学生抄书一事。抗议事件发生之后，学校当局压制学生，要左觉农、程欣向庸师赔礼认错，学生感到无理，坚决不答应，于是一场学潮由此爆发。学潮一开始，学生就提出了"要开明民主的校长来办校，要教学称职的教师来教学"的口号。反动校长单家燊见势不妙，倚仗权势先后开除了36名进步学生的学籍。然而，被开除的学生并没被吓倒，而是组织起来成立了"湖北省立第二师范学生离校团"，与学校当局抗争。他们先是联合鸿文和鹿门两所中学的学生，在二师校内学生的内应下，打进了二师校内。接着，他们又选派代表李实等到省城武汉，依靠武汉地区党组织，向省城政界、学界发出呼吁，并散发传单，揭露校长单家燊的各种劣迹，迫使省府当局于年底撤换了省教育厅长和二师校长。被开除的学生于第二年春恢复学籍，继续学习。

　　通过襄阳二师学潮，使襄阳地区的青年学生又一次在斗争的实践中得到了锻炼，增长了才干。二师学潮，拉开了鄂北地区大革命的序幕。

湖北省第二师范学校是鄂北革命的摇篮之一，其前身是创建于1905年的襄阳师范学堂，1913年更名为湖北省第二师范学校，俗称襄阳二师。1928年与湖北省立第十中学合并组建成湖北省立第五中学。其校址在今襄阳城内西街内环路15号，现为襄阳市昭明小学。

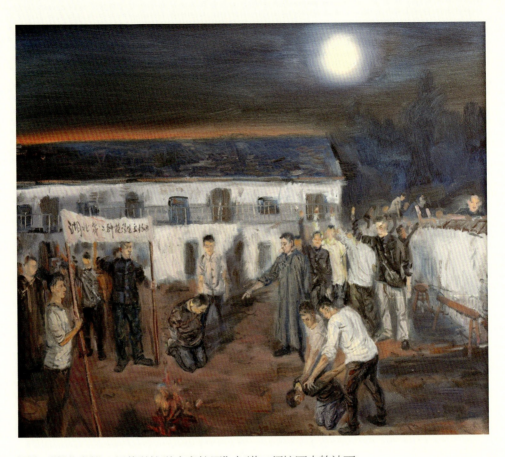

图为"湖北省第二师范学校学生离校团"打进二师校园内的油画。

左觉农（1905-1949），原名家宽，学名泽民，化名夏忠武，光化县（现老河口市）西乡赵岗傅家寨人，是二师学潮主要发起人之一，亦是光化县党组织的创始人。1927年以后，左觉农大多时间被党组织派往外地工作。他参加过两万五千里长征。抗战爆发后回湖北工作，历任中共鄂中区委宣传部长，鄂豫边区党委宣传部长。中原突围后，他被分配到东北工作，任辽宁省四地委书记。1948年调黑龙江鹤岗煤矿局任第二局长、局长、党委书记。1949年6月10日因病去世，时年44岁。

创建党团组织

　　鄂豫边区各级党组织的建立始于1925年1月，中共第四次全国代表大会召开之后，鄂豫两省党的领导机构根据大会通过的《对于组织问题决议案》精神，纷纷派出在外地工作、求学的党团员返回家乡，开展建团、建党工作。在湖北，中共武汉地委先后派遣程克绳、阮芳皋、李彩奇、谢远定、詹邦经等人回到鄂北开展工作。在河南，受信阳党组织的派遣，蔡训明回到唐河县，受南阳党组织的派遣，周耀杰、李怀玉等人回到桐柏县。正是通过他们的不懈努力，党的基层组织象雨后春笋在鄂豫边区的土地上生根、发芽、成长。

▶

　　1925年1月，中共在上海召开了第四次全国代表大会，做出了《对于组织问题之决议案》，强调"组织问题为吾党生存和发展之一个重要的问题"，要壮大和巩固党的组织，必须"扩大党的数量，实行民主的集权主义，巩固党的纪律"。决议案中还第一次提出支部是"我们党的基层组织"。

十二、在智識界中以馬克思列寧主義的見地傳布無產階級的文化是很重要的一件工作。中央於此，應指導各地於可能範圍內設立馬克思列寧主義研究會或其他臨時的講演討論會，以擴大共產主義運動。

十三、各地方不應忽略了利用每個羣衆集合，實行我們廣大的宣傳和鼓動工作。在這種工作中傳單小冊子的內容，講演人的口號為宜十分切合羣衆本身實際要求。

對於組織問題之議決案

1.大會一方面大體核準一九二四年五月擴大執行委員會關於組織問題的議決案。而別一方面又承認該議決案在同年八月之前多未實行，在中央然，在地方亦然。 除開客觀的原因

九四

(經濟與人力之缺乏)，軍閥之壓迫，許多負責任的同志們之被捕，妨礙擴大執行委員會關於組織問題的議決案之實行外，我們更要指出別一個原因，就是各級負指導責任的同志們對於該議決案之實行多分忽略，各地方的黨員對之未有充分了解。

2.大會以爲在現在的時候，組織問題爲吾黨生存和發展之一切最重要的問題。倘若擴大執行委員會關於組織問題的議決案不能實際地實行，則吾黨決不能前進，決不能由宣傳小團體的工作進到鼓動廣大的工農階級和一般的革命羣衆的工作。

同時最近在中國之解放運動的全部進程上和我黨對於這個運動之積極的參加，實要求我們與勞動羣衆和革命的智識份子不能以資產階級民主政黨之政策爲滿足之關係日緊一日。因此，引導工業無產階級中的先進分子，革命的小手

九五

工業者和智識分子，以至於鄉村經濟中有政治覺悟的農民參加革命，實爲吾黨目前之最重要的責任。

3.在南方反對商團奮鬥的經驗上，在北方的國內戰爭在上海工人罷工(居然得到工人的援助，表現出階級之眞正的團結)的經驗上，且屢次在南部和中部，各省之佃戶和貧農的反對地主和富農的運動上，不但反對帝國主義和軍閥，並且反對地主和本國的大資產階級及買辦階級。在這些事實的前面，中國共產黨之責任是應該使這種自然的過程轉變爲中國勞動羣衆有覺悟地反對帝國主義和資本主義的爭鬥。吾黨欲達此目的，則有擴大黨的數量，實行民主的集權主義，鞏固黨的紀律——黨員們受其所隸屬的區執行委員會，地方執行委員會及支部幹事會的指

九六

揮。

4.爲着擴大吾黨的數量，除上海和廣東之外，應特別注意湖南，湖北，唐山，天津，山東等地。在這些地方已具備對於共產主義的工作和對於我們黨的組織之前提；因爲在這些地方純粹工業工人的數量很多，同時在尙未有我們組織的其他工業區及大都市，如東三省，河南，重慶，九江，蕪湖，蘇州等均應努力開始黨的組織。

5.我們黨的基本組織，應是以產業和機關爲單位的支部組織，至於在小手工業者和商工業的辦事人中，不能以機關爲單位組織支部時，則可以地域爲標準。支部的工作，不能僅限於教育黨員，吸收黨員，並且在無黨的羣衆中去煽動和宣傳，幫助他們組織俱樂部，勞動學校，互助會……。支部在一個企

九七

程克绳（1893-1932），原名兴武，又名祖武、绳武。鄂北党组织、革命武装和根据地主要创始人。今湖北枣阳市琚湾镇程坡村人。1919年10月31日，赴法勤工俭学。1922年，在法国经周恩来介绍加入中国共产党。1924年由苏联回国。1925年春，受中共武汉地委派遣回枣阳从事建党工作。在枣阳：他创建了鄂北第一个党小组——程坡党小组；第一个农运组织——"联会"；第一个党的县级委员会——中共枣阳地方委员会；第一个农民政权——枣阳县革命委员会；第一个认识到建立革命武装的重要性——购买枪支，组建农民武装。他历任中共枣阳县委第一任书记、工农革命军第九军鄂北总队队长、中共鄂北特委委员、中共鄂豫边区特委常委、鄂豫边区革命委员会主席、军事委员会主席、红二十六师代理师长、工农红军襄北独立团参谋长。1932年9月，程克绳在湘鄂西中央分局进行的第二次"肃反"中被错杀，时年39岁。1960年，经贺龙元帅和许光达大将联合提名，将程克绳作为我军早期军事将领、鄂北革命武装和根据地创始人收入《辞海》。

湖北枣阳市琚湾镇程坡村程家三房庙：1925年农历6月15日夜晚，程克绳在此举行了5名新党员入党宣誓仪式，成立了枣阳县乃至鄂北地区第一个党小组——程坡党小组。程克绳任党小组长。

1930年6月10日，程克绳针对鄂北地区党组织状况，给中央
写了《我对于鄂北党的批评和意见》。此为程克绳手迹。

程坡党小组会议

1925年，鄂北地区处于军阀和地方反动势力的统治之下，社会环境十分险恶，程坡党小组开会研究部署工作只能在夜晚进行。他们为防止走漏风声，经常在程坡村外的一口水井边上开会，对着井口讲话，让声音消逝在水井里，以免外人听见。图中为程坡党小组秘密会议场景。

1931年9月，程克绳赴上海向党中央汇报工作，路上用此手提箱装了两卷白布提着作掩护。（复制件）

谢远定（1899–1928），号伯平，今湖北枣阳市随阳店乡谢家老湾人，鄂北共产党员的培育者。1921年5月加入中国社会主义青年团，1922年加入中国共产党。1923年8月25日，作为南京团地委书记，出席了中国社会主义青年团第二次全国代表大会。同年11月，任南京第一个党小组第一任组长。1924年秋，回武汉从事党的秘密工作。1925年夏，受组织派遣回襄阳，以湖北省立第十中学（今襄阳市五中前身）校监的身份，秘密从事建团、建党工作。他从各学校里选择在五四运动、二师学潮和反对帝国主义教会等斗争中表现坚定的师生作为入团、入党的对象重点培养。11月，在他的不懈努力下，襄阳党团特别支部正式成立，他任书记。1926年初，他调离襄阳，赴广州参加北伐军。1927年秋，再次被派回鄂北，历任中共随县县委书记，中共鄂北特委宣传部长、组织部长。1928年夏秋之间，他只身前往武汉与湖北省委接头，领取指示。因叛徒告密，在汉口甲子旅社被捕。8月在汉口大智门车站外英勇就义。

谢远定牺牲已有80多年了，但人们没有忘记：是肖楚女来襄阳，播下了马列主义的种子，谢远定回襄阳，培育了共产党的幼苗。

湖北省立第十中学：湖北省立第十中学党团支部诞生地。其前身是鹿门书院，1902年更名为襄阳府中学堂，1912年又更名为湖北省立第七区鹿门中学，1924年改为湖北省立第十中学，1956年定名为湖北省襄樊市第五中学，现为襄阳市第五中学。地址在今襄阳城内积仓街1号。

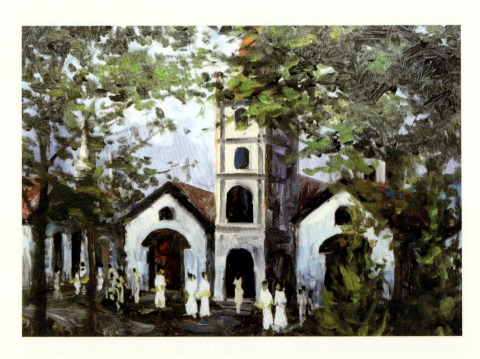

鸿文中学：鸿文中学党团支部诞生地。其前身是加拿大人于1897年创办的基督鸿恩会，1910年命名为鸿文书院，1917年更名为鸿文中学，1956年定名为襄阳第一中学。地址在今樊城区解放西路9号。

阮芳皋（1903－1928），字正筠，又名祖荫，化名吴茂林，今湖北曾都区玉石街人，随县党组织的主要创始人。1924年春加入中国共产党。1924年11月，任中共武昌地方执行委员会组织委员。1925年7月，受党组织的委派，回随县筹建党组织。7月9日，根据中共武昌地委指示，他在县城西关玉石街"启明化学工业社"召集返乡的党员开会，成立了随县第一个党小组——中共随县党小组，他任组长。1927年12月返回武汉。1928年3月1日被国民党军警逮捕，在狱中受尽酷刑，但始终坚贞不屈，于3月17日惨遭杀害。时年25岁。

李彩奇（1898－1928），字春早，今湖北随县吴山镇人。1925年2月，他考入湖北省立第一师范学校，不久经阮芳皋介绍加入中国共产党。9月中旬，受党组织派遣，回随县。根据中共武昌地委关于创建随县支部的指示，他在县城南关彭蟾家召开党员会议，宣布成立中共随县支部，并任书记。1927年四一二政变后，他来到随北开展武装斗争。1928年1月，任中共随县县委书记，在唐王店将随县独立大队扩编为随县支队，成立随县武装暴动总指挥部，任总指挥兼支队党代表。8月15日，他受叛徒欺骗被捕，于17日下午被敌人杀害，时年30岁。

湖北随县县城玉石街启明化学工业社，为随县第一个党小组和第一个党支部机关所在地。

蔡训明（1905-1928），今河南省唐河县源潭镇人，豫西南团组织创始人，1924年加入中国共产党。1925年初，他受信阳党组织派遣回到源潭镇，建立了豫西南第一个团小组，并任组长。1926年8月，任中共信阳县委委员兼团委书记。1927年1月，调任中共郑州市委宣传部长。9月24日，当选为郑州市总工会主席。1928年1月，任豫南革命委员主席，兼豫南工农革命军政治部主任。8月，在汝南县的一次战斗中，被敌人长矛刺入胸部，壮烈牺牲，时年23岁。

金孚光（1907–1931），今河南省桐柏县城郊乡人，桐柏县党组织的奠基人。1924年加入中国共产党。1925年5月30日，金孚光等共产党员相继回桐柏县，在县城北关义仓开办平民学校，传播马克思主义，为桐柏县的建党工作奠定了群众基础。同年10月，金孚光调广州参加黄埔军校第四期学习。1927年后，历任中共桐柏特别支部书记、桐柏县委书记、信阳中心县委军委负责人兼豫南巡视员、豫南工农红军先遣队队长、红十五军第一团团长兼政委。1931年11月，在新县的一次战斗中壮烈牺牲，时年24岁。

河南唐河县源潭镇山陕会馆，为唐河县及豫西南第一个团小组诞生地。

河南桐柏县月河，为豫西南最早的党小
组之一——中共月河党小组诞生地。

河南南阳市宛城区刘宋营村，为豫西南第一个党
支部——中共南阳支部诞生地。

1927年以前鄂豫边各县最早的党组织统计表

随县	中共随县党小组	1925年7月9日	县城西关玉石街
	中共随县党支部	1925年9月	县城西关玉石街
	中共随县特别支部	1926年10月4日	县城西关玉石街
枣阳县	中共枣阳县程坡小组	1925年6月15日	枣阳县琚湾镇程坡村
	中共枣阳特别支部	1925年12月	枣阳县城小南街
襄阳县	襄阳党团特别支部	1925年11月	襄阳城内市五中老校区
	中共襄阳二师支部	1925年11月	襄阳城内市昭明小学
	中共湖北省第十中学支部	1925年11月	襄阳城内市五中老校区
	中共鸿文中学支部	1925年11月	樊城区市一中校区
宜城县	中共王家集小组	1926年11月	宜城市王集镇
	中共宜城支部	1927年3月下旬	宜城县
	中共王集支部	1927年3月	宜城县王集镇
谷城县	中共盛塝临时支部	1926年8月	谷城县盛塝镇
	中共庙滩临时支部	1926年8月	谷城县庙滩镇
樊城区	中共太平店临时支部	1926年8月	樊城区太平店镇

光华县	中共光化县支部	1926年冬	老河口市城区
郧县	中共安阳口镇党小组	1926年6月下旬	郧县安阳口镇
	中共郧阳支部	1926年11月	郧县城关镇
均县	中共均县党小组	1926年7月	原均县城关镇
	中共均县支部	1926年7月之后	原均县城关镇
竹山县	中共竹山党小组	1926年10月	在武汉成立
	中共竹山支部	1927年2月5日	竹山县城关
竹溪县	中共竹溪特别支部	1926年11月	竹溪县城关
桐柏县	中共月河小组	1926年2月	桐柏县城东关
	中共栗园小组	1926年2月	桐柏县安棚乡杨唐村
	中共桐柏特别支部	1927年4月	桐柏县城郊乡
	中共桐柏支部	1927年2月	在信阳县成立
南阳县	中共南阳支部	1926年5月	南阳市宛城区刘宋营村
唐河县	中共唐河县城关小组	1926年9月	唐河县城关镇

工农运动

　　鄂豫边区的工农运动，是随着中共党组织不断发展壮大而逐步兴盛起来的。1925年1月中共四大后，鄂豫边区各县先后成立了行业工会、总工会，举行罢工、游行，维护工人的基本权益，取得了一个又一个胜利。而鄂豫边区的农民运动，则是鄂豫边各级党组织在改造、利用农民自己的组织，诸如枪会、硬社、大刀会之类和普遍建立的农民协会的基础上开展起来的，并使之成为鄂豫边区革命的主体力量。

　　1927年2月28日，为声讨英国水兵在汉口屠杀中国工人的罪行，随县总工会筹备处在县城举行大罢工。3月18日，英国神甫胡善勾结劣绅张署阁唆使流氓、地痞殴打总工会筹委会执行委员陈恒谦，激起广大工人的愤怒。县总工会筹备处命工人纠察队抓获凶手，查出幕后操纵者，遂调集300名会员包围英国士古煤油公司。张曙阁闻讯潜逃，胡善被遣送出城。罢工取得了胜利。

鄂豫边区1927年"八七"会议前的工会组织统计表

县　名	工会组织名称	成立时间	会员人数
随　县	随县总工会	1927年5月31日	3400多人
枣阳县	枣阳县总工会	1927年3月5日	2000余人
襄阳县	襄阳县总工会	1927年3月27日	
南漳县	南漳县总工会	1927年3月	
谷城县	谷城县店员协会	1927年2至3月	
光化县	光化县房客联合会	1926年10月	
郧　县	郧县总工会筹委会	1927年初	
房　县	房县总工会筹委会	1927年初	
竹山县	竹山县总工会筹委会	1927年初	
均　县	均县码头工人联合会	1926年8月	

河南桐柏县北关义仓平民夜校旧址。共产党员金孚光等人曾在此向平民教授文化知识，宣传马克思主义，为桐柏县党组织的建立奠定了群众基础。

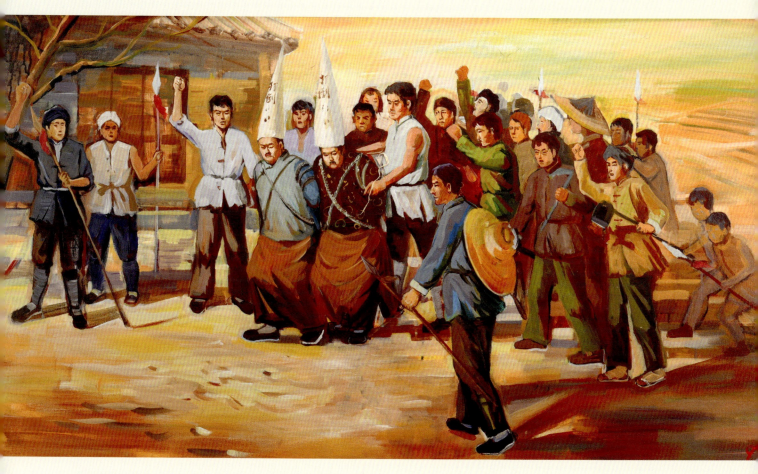

宜城县农民协会组织农民游斗土豪劣绅杨仲漠、严德修。1926年10月之后，受北伐军攻占武汉的影响，鄂北地区每个县都成立了县、乡、村三级农民协会，组织领导农民惩治土豪劣绅，取消苛捐杂税，开展减租减息运动，使广大的农民在政治上获得解放，在经济上得到翻身。

统一战线

　　1924年至1927年，在中国大地上爆发了一场席卷全国的大革命运动，而这场大革命的兴起是中国共产党和国民党实行政治合作的结果。1923年6月，中国共产党第三次全国代表大会确定了共产党员以个人名义加入国民党，与国民党建立统一战线的方针。1924年1月国民党召开了有共产党员参加领导的中国国民党第一次全国代表大会，"确立了联俄、联共，扶助农工"三大政策，国共两党由此实现合作。自此，鄂豫两省的党组织根据党中央的决定纷纷派遣共产党员奔赴各县，帮助建立国民党县党部、区党部，并担任主要领导。以国共合作为标志的统一战线在鄂豫边区正式形成。

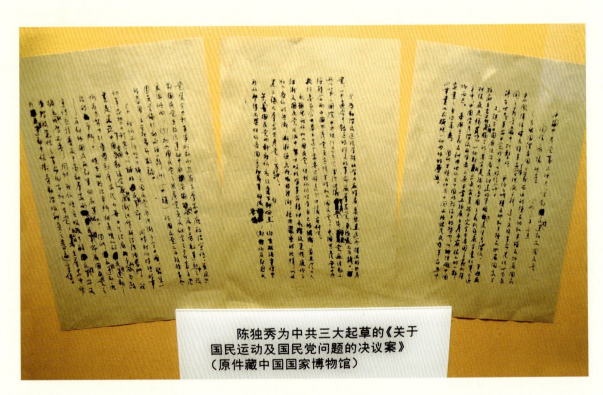

陈独秀为中共三大起草的《关于
国民运动及国民党问题的决议案》
（原件藏中国国家博物馆）

　　1923年6月，中国共产党在广州召开了第三次全国代表大会，做出了《关于国民运动及国民党问题决议案》，指出党现阶段"应该以国民革命运动为中心工作"，要求共产党员以个人身份加入国民党，采取党内合作的形式，同国民党建立联合战线，以完成反帝反封建的国民革命任务。

1925年9月，共产党员程克绳在武昌参加了国民党湖北省第一次代表大会后返回枣阳，筹备成立了国民党枣阳县党部，程克绳任常委。图为成立大会场景。

最近農民鬥爭的議決案

　　正当北伐战争节节胜利，工农运动蓬勃发展时，窃取北伐军总司令一职的蒋介石撕下伪装，于1927年4月12日发动了反革命政变。7月25日，汪精卫在武汉公开背叛革命。第一次国共合作破裂，第一次国内革命战争失败。而此时，盘踞在襄阳、郧阳的国民革命军独立第九师张联升和盘踞在随县的国民革命军暂编第二军第六师蒋世杰效法蒋介石，叛变革命，数以万计的共产党人和革命群众惨遭杀害。在豫西南，时任河南省主席的冯玉祥政治态度右转，参与了蒋、汪的反共活动，亦在河南进行"清党"，导致豫西南各县民众团体被取消，农民自卫组织被摧毁，党组织遭受破坏。白色恐怖一时间笼罩了整个鄂豫边区。

　　第一次国内革命战争虽然失败了，但党在鄂豫边区点燃的革命火种并没有熄灭。在党的八七会议精神指引下，鄂豫边区的共产党人和革命群众从血泊中站了起来，擦干身上的血迹，掩埋好战友的尸体，又投入到新的战斗。从此，鄂豫边区进入到以革命武装对抗反革命武装的新阶段。

组建鄂北特委、准备武装起义

　　第一次国内革命战争失败后，中共中央在汉口召开了著名的八七会议，会议决定将举行秋收起义作为党的最主要任务。为贯彻八七会议的决定，中共湖北省委把全省划分为7个暴动区，各区均建立特委以加强对起义的领导。其中鄂北区包括枣阳、襄阳、宜城、随县、谷城、光化（今老河口市）、保康、南漳、均县(今丹江口市)、房县、郧县、郧西、竹山、竹溪、钟祥等15个县，被省委和中央列为发动秋收起义的重点地区。1927年8月中旬，中央派李富春、陆沉来到鄂北，在枣阳组建中共鄂北区特别委员会（简称鄂北特委），李富春任特委书记。鄂北特委组建后，重点做了两方面的工作，一是恢复和健全各级党组织；二是通过多种渠道扩充枪支，壮大武装力量，为举行武装起义做政治和军事准备。9月中旬，鄂北特委决定发动农民武装起义。

《最近农民斗争的议决案》：1927年8月7日，中共中央政治局在汉口召开了紧急会议，通过了《最近农民斗争的议决案》，明确指出"共产党现时最主要的任务是有系统地、有计划地、尽可能地在广大地域内准备农民总暴动。

《两湖暴动决议案》　《湖北省秋收起义计划》

为尽快将八七会议精神落实到实处，新选举产生的中央临时政治局常委会于8月29日召开会议，制定通过了《两湖暴动计划决议案》，对湖北、湖南两省秋收起义的时间、指挥机构、区域划分及任务作出了具体明确的布置。

李富春（1900—1975），我国老一辈无产阶级革命家，湖南省长沙市人，1921年加入青年团，1922年加入共产党，是中共旅欧总支领导人之一。1927年8月受中共中央派遣来到鄂北，组建中共鄂北特委，担任书记。之后，历任中共江西省委代理书记、江苏省委代理书记、陕甘宁省委书记、中共中央秘书长等职。新中国成立后，历任重工业部部长、国家计委主任、国务院副总理等职，是第七届至第十届中央委员，第八届中央书记处书记、政治局常委。于1975年1月9日在北京逝世，享年75岁。

湖北枣阳市琚湾镇翟家古城：中共鄂北特委诞生地及特委机关所在地。

鄂北特委于1928年11月，因国民党反动派"清乡"被迫解体，至1930年2月聂鸿钧来到鄂北重组中共鄂北特委，其间有均（县）、光（化）、谷（城）三县联席会议和枣（阳）、光（化）、谷（城）、均（县）四县临时特别委员会先后代行中共鄂北特委职权。

中共鄂北区特别委员会主要领导一览表

姓　名	籍　贯	职务	任职时间	备　注
李富春	湖南长沙市	书记	1927年8月中旬	隶属中共湖北省委
王一飞	浙江上虞县	书记	1927年8月下旬	直属中共中央
陆　沉	湖北黄冈县	书记	1927年9月中旬	隶属中共湖北省委
张学武	湖北天门县	书记	1927年10月	隶属中共湖北省委
廖划平	四川成都市	书记	1927年12月	隶属中共湖北省委
余世颂		常委	1927年12月	
谢远定	湖北枣阳市	常委	1927年12月	
董华绶		常委	1927年12月	
聂鸿钧	湖北咸宁县	书记	1930年2月	隶属中共湖北省委

举行武装起义，实现武装割据

　　根据中央和湖北省委的指示，鄂北地区在1927年下半年，先后发动了秋收起义和年关起义，其中以枣阳和随县两地的声势最大，影响亦最大。分别形成了以翟家古城为中心的枣西红色割据区域和包括吴山、青苔、祝林三个区在内的随北红色割据区域。组建了工农革命军鄂北总队和工农革命军鄂北总队随县独立支队。

湖北枣阳市城区大南街杨秀阡故居：1927年9月初，枣阳县秋收暴动军事指挥部之一——城内指挥部所在地。

湖北枣阳市隆兴寺：1927年9月上旬，枣阳秋收起义总指挥程克绳与徐化龙等人率领程坡、蔡阳铺、七方岗等地农民，联合襄阳的程家河、双沟等地农民万余人举行武装起义，一举拿下了隆兴寺区署和团防局，打响了鄂北秋收起义的第一枪。

湖北随县祝林店福音堂祝林店革命委员会旧址。1927年10月初，祝林店地区工农革命军大队和各地农民自卫大队2000余人，举行武装起义，取得胜利后在此成立了祝林区革命委员会。

湖北枣阳市程坡：工农革命军第九军鄂北总队诞生地。1927年12月，中共鄂北特委在此将枣阳县农民赤卫总队改编为工农革命军第九军鄂北总队，程克绳任总队长、余世颂任党代表、李实任政治部主任。下辖3个中队、1个手枪队。

双节棍：枣阳县参加秋收起义的硬社社员使用的器械。

土铳：农民赤卫队员使用的武器。

攻占桐柏县城，组建南阳特委

　　第一次国内革命运动后的豫西南，与鄂北相比，其斗争方式稍有差异。首先在党的组织建设方面，鄂北是先组建特委，再恢复基层组织，而豫西南则是先恢复基层组织，再组建特委。其次是在武装起义方面，鄂北是直接举行秋收起义，而豫西南则是分两个阶段：即1928年3月前为第一阶段，重点是成立农民协会，组建农民自卫军，配合和支援信阳、确山的农民起义；1928年3月以后，为第二阶段，在本地区的南阳、唐河、邓县、新野举行武装起义。由于受"左"倾盲动主义的影响，致使这些起义均未获得成功。

大刀：农民自卫军使用的武器。

大刀：农民自卫军使用的武器。

河南桐柏县固县镇黄畈村：中共桐柏（固县）特别党支部诞生地（1927年5月）；桐柏县农民自卫军总队诞生地（1927年秋）。

1928年2月，敌人对以信阳四望山为中心、包括桐柏东部在内的豫南革命根据地进行残酷的围剿。为反围剿，中共桐柏县固县特支和县城特支决定组织东、中部万余农民和桐柏农民自卫军，配合四望山工农革命军攻打桐柏县城。攻城战始于2月20日，到22日挖暗道攻进县城，共歼灭反动武装300余人，缴获长短枪220余支，活捉了反动头子严山谦，并当即枪决。攻城战的胜利，极大地鼓舞了革命群众的斗争热情，使桐柏革命根据地迅速地扩大至包括县城、城郊、大河及其以东的大半个县。

河南方城县券桥乡沈营村李家大院：中共南阳特委诞生地，1928年3月初，根据河南省委的决定，团省委书记刘明佛来到方城县沈营村，在李家大院召开豫西南各县党员代表会议，成立了中共南阳特委，亦称豫西南特委。

　　鄂北农民武装起义，引起了国民党反动派极度的惊恐与不安。1928年4月至8月，反动当局前后进行了两次血腥的"清乡"，残酷地杀害共产党人和革命群众8000多人，枣阳、随县的红色割据区域几乎丧失殆尽，各地基层党组织遭受破坏，鄂北特委解体。与此同时，豫西南的党组织也遭受灭顶之灾。1928年11月29日晨，军阀石友三部突然包围了南阳特委机关所在地，逮捕了特委委员王尚德、赵智廉、姚敬斋，特委机关遭到严重破坏。危急关头，鄂北和豫西南的共产党人又一次地表现出了不屈不挠的革命精神。在鄂北，均(县)、光(化)、谷(城)三县联席会议果敢地站了起来，代行鄂北特委职权。他们一方面与其他各县党组织取得联系，建立均、光、谷、枣四县临时特委，为鄂北特委的重建做准备。另一方面派人到上海寻找党中央，汇报鄂北工作，取得中央的重视。1930年2月，中共湖北省委派聂鸿钧等人来到鄂北，在光化县北乡召开四县临时特委会议，重建鄂北特委。由此，鄂北革命进入到创建工农红军，建立民主政权阶段。在豫西南，特委书记郝久亭转移到邓县，继续领导豫西南的革命斗争。1929年5月，根据信阳中心县委指示，撤消南阳特委，建立隶属于信阳中心县委的中共唐河工作区中心县委。9月，中央巡视员郭树勋来到豫西南，在南阳县三十里屯小学召开豫西南各县代表会议，撤消中共唐河工作区中心县委，建立中共南阳中心县委，隶属河南省委。至此，豫西南的革命形势进入快速发展时期。

聂鸿钧（1905—1966），今湖北咸宁市咸安区张公乡聂樊村人。1925年7月加入青年团，10月转为中共党员。历任湖北省农民协会秘书长兼组织部长、鄂南农民革命军总指挥部总指挥、中共中央农民运动委员会秘书长等职。后担任中共鄂北特委书记、红十军政委、西北军委主席、湖南省委军事部长兼统战部长、东北粮食总局局长。新中国成立后历任湖北省人民政府第一副主席、国家粮食部副部长，1966年8月12日因病去世，享年61岁。

李实（1903–1983），原名抱一，又名栋勋，今湖北省襄阳市襄州区东津湾人。1925年加入中国共产党。1926年5月，任中共襄阳特别支部书记。1927年8月，参加"八一"南昌起义。其后历任中共随县县委书记、工农革命军鄂北总队政治部主任、中共均光谷三县联席会议书记等职。1929年，调中共中央工作。之后，他两次入狱。1938年3月，回襄阳开展统一战线工作。至1941年后，历任鄂豫边区人民代表大会秘书长、鄂东专员、中原解放区视察专员、桐柏行政公署副主任、襄阳城管会主任、湖北省民政厅厅长、文教厅厅长。1952年11月，任教育部高等师范教育司司长。1959年，受康生政治迫害，被开除党籍、撤消党内外一切职务。1979年3月，教育部党组给予其彻底平反。1983年因病逝世，享年80岁。

湖北老河口市袁冲：1927年9月—1929年2月，中共均（县）、光（化）、谷（城）三县联席会议机关驻地；1929年2月—1930年3月，中共枣(阳)、光(化)、谷(城)、均(县)四县临时特委机关，中共鄂北特委机关驻地。

河南南阳市宛城区三十里屯：1929年9月28日—29日，中共南阳中心县委诞生地及其机关驻地。

蔡阳铺起义

　　鄂北特委重建之日，正是党的六大精神结出丰硕果实之时。面对全国革命形势出现的可喜局面，鄂北特委深受鼓舞。他们一方面在很短的时间内健全了各县的党组织，成立了五个县委和三个特别区委；另一方面，他们积极筹建革命武装，发动新的武装起义，建立巩固的农村革命根据地。为此，特委于7月4日在襄阳城内秘密召开第二次扩大会议，决定枣阳、襄阳、光化、谷城、均县五县起义，并成立了五县起义总指挥部。之后，尽管光化县的起义流产，总指挥袁书堂等人牺牲，但襄阳和枣阳的起义获得了成功。从此，鄂北革命进入到了建立红色苏区的新时期。

土铳：参加起义的红军游击队战士使用的武器。

大刀：参加起义的农民自卫队队员使用的器械。

矛：参加起义的农民自卫队队员使用的器械。

蔡阳铺位于枣阳市西部边陲，是鄂北继秋收起义之后新一轮起义的首义之地。1930年5月4日，时值蔡阳铺赶热集，红军游击队指战员在杨秀阡、余益庵、阮汉荣等人的率领下混进集镇，在内应徐朝龙、吴成林的配合下，只打了一枪，就拿下了团防局，缴获长短枪110多支，子弹万余发。

蔡阳铺首义成功，极大地鼓舞了参战人员的士气，他们乘胜出击，于当天内接连攻下翟家古城和琚湾两个团防局，缴获枪支百余支，创下日破三镇，我无一伤亡的辉煌战绩。

歌谣《打蔡阳》：翟邦才、李治邦，猫子洞里徐永昌，商量商量打蔡阳，桃杆里头捆快枪。关翁翁，来担上，一担担到局门上，打开桃杆抽快枪，咕呼咕呼打几枪。方用之，余继良，提着裤子翻城墙。不是狗日的跑得忙，一枪送他见阎王。

杨秀阡（1909-1930），化名张纪曾，今湖北枣阳市城区大南街人，鄂北工农革命武装创始人之一。1925年10月加入中国共产党。1926年10月，受派回枣阳从事革命工作。1927年秋，任中共枣阳县委执行委员、枣阳县赤卫队党代表。1930年2月，红军游击队第十三大队成立，他任队长。5月15日，红军游击队第十三大队整编为中国工农红军第九军第五总队，他任总队长。5月16日，他率第五总队攻占襄阳县东部重镇黄龙垱，取得打死团丁50余人，缴枪170余支的胜利，但不幸的是，他在此次战斗中中弹牺牲，时年21岁。

余益庵（1900-1979），原名余开谦，化名王有才，外号"余聋子"，今湖北省枣阳市吴店镇余畈村人。1927年加入中国共产党。曾任中共枣阳临时县委委员、鄂北四县临时特委委员。1930年5月15日，任中国工农红军第九军第五总队党代表。6月，任中国工农红军第九军第二十六师党代表。至同年8月，他率领红二十六师作战40余次，歼敌1300多人，缴获长短枪300多支，为建立襄、枣、宜红色苏区做出了决定性的贡献。之后，历任红军第九军总指挥部总指挥长、随枣地委组织部长、新四军五师政治部民运部长、鄂北专署专员、陕南行署专员。新中国成立后历任襄阳专署专员、湖北省民政厅厅长、湖北省政协副主席。1979年8月10日因病去逝，享年79岁。

中共南阳特委、唐河工作区中心县委、南阳中心县委主要领导一览表

姓　名	籍　贯	任职单位	职务	任职时间
刘友三	河南南阳县	中共南阳特委	书　记	1928年3月初
郝久亭		中共南阳特委	书　记	1928年8月
郝久亭		中共唐河工作区中心县委	书　记	1929年5月
郝久亭		中共南阳中心县委	书　记	1929年9月

组建红九军二十六师

　　中国工农红军第九军第二十六师，是鄂北党组织组建的第一支正规部队。它的前身是1930年4、5月间组建的鄂北红军游击队第十三大队。5月14日，蔡阳铺起义成功的当天，杨秀阡等人将鄂北游击队第十三大队整编成为中国工农红军第九军第五总队。6月25日，根据中共中央军委长江办事处的指令，鄂北特委在襄阳县黄龙垱的陶山庙对红九军第五总队再次进行整编，正式成立中国工农红军第九军第二十六师。下设5个总队和1个手枪队，共有800余人，600多支枪。从此，这支革命武装在党的领导下，英勇作战，为开辟襄（阳）、枣（阳）、宜（城）革命根据地建立了不朽的功勋。

红二十六师军旗。

（复制品）

步枪：红二十六师战士使用的武器。

马枪：红二十六师骑兵使用的武器。

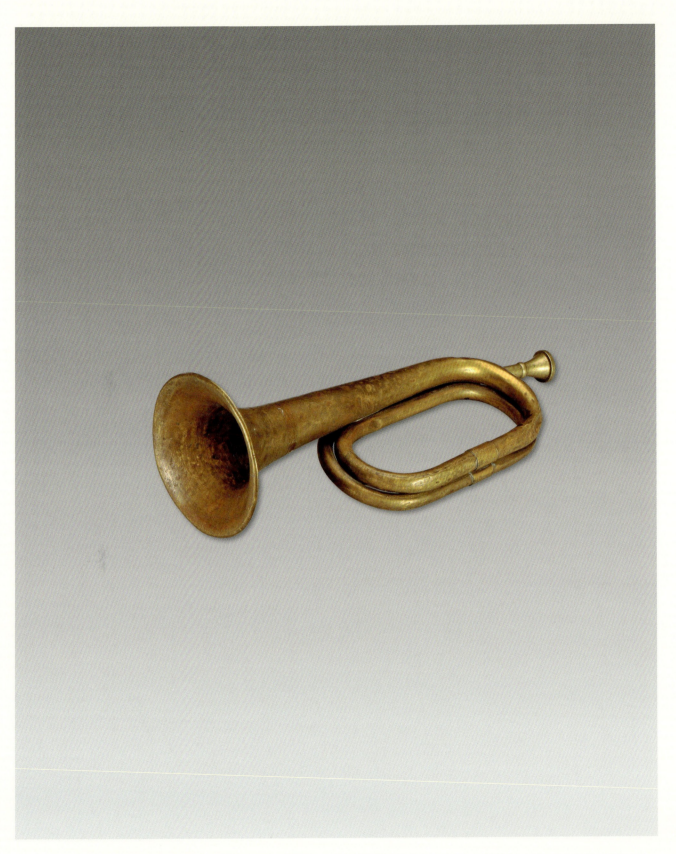

军号(复制品)：红二十六师师部司号长马良凡使用的军号。

《中央军委长江办事处工作计划》

《中央军委长江办事处工作计划》：中国工农红军第九军的番号就是依据此工作计划而确定。

委：(中1107)

　　兹抄發中央軍委長江辦事處工作計劃如後，即轉交長江辦事處為要。　　　　　　　　中央2/6

　　中央軍委長江辦事處工作計劃

　　一革命高潮前長江軍區的總任務

　　1.目前世界革命日益高漲　中國革命更是日益迫近高潮的形勢；

　　2.在全國新的革命高潮中，以武漢為中心的一省與數省革命暴動首先勝利的可能；

　　3.長江軍區的總任務，便是在黨加緊準備全國暴動，爭取以武漢為中心的一省與數省革命暴動首先勝利的路線下，加緊武裝暴動的軍事政治，軍事組織軍事技術的準備。

　　4.長江辦事處應以極大的努力來布置湘鄂川四省的軍事政治與軍事組織軍事技術工作(江西目前為止暫便仍也思暫歸中央軍委直接指揮，因的子□在於□不：

　　　　　　　　　　― ―

经过苏维埃，赤色公会，革命互济会……及集群众大会，鼓动成千成萬的群众，擴大紅軍，擁護紅軍，加入紅軍的熱情。為了　　　具体化，可舉行擴大紅軍運動週。五卅示威即要以擴大紅軍為中心口號之一。

3.在八一前，長江軍區的紅軍，除江西，河南北方軍閥範圍內，必須擴大到200000人，分配如下：

軍名	所在地	擴大數
第一軍	鄂豫皖邊	30000
第二軍	湘鄂邊	20000
第五軍	湘鄂贛邊	30000
第六軍	鄂西	32000
第八軍	鄂東南(贛東北在内)	25000
第九軍	鄂北鄂中	13000

四川紅軍應發展20000人——川東南10000人,川東北10000人。

4.擴大紅軍的根本動力是革命鬥爭的深入和擴大當然須具体的執行下列辦法：

第三单团 { 第二单   贺 龙
      第六单   周逸群

第四单团 { 第一单
      第九单

这四个单团应当迅速成立。

夕、长江军区的红军，其发展的总方向，都是以争取武汉以及邻近数省首先胜利为目的。

㈠第一单团，应当是以主力侧负南浔路，配合兵力取南昌，攻九江，夺取整个江西，以切断长江；以掩护武汉的胜利；

㈡第二单团，一面截断武长铁路，一面帮助鄂南与鄂东南地方暴动，配备兵力占领大冶切断武长路等，进迫武汉；

㈢第三单团，应当帮助鄂西，与鄂西南地方暴动，以进迫武汉；

㈣第四单团，应当帮鄂中以及沿京汉路的地方暴动，切断京汉路以进迫武汉；

—— 11 ——

导与巡视。

6.迅速的将交通網建之好。

7.長江辦事處暫出刊物以 士兵閱讀。

8.調查統計軍事工作人才，統一分配，並馬上加緊訓練。

9.對上述計劃更定出個別的計劃，隨時攷察執行情形。

10.————————

————完————

1930, 5, 23. 於上海

中国工农红军第九军第二十六师主要领导一览表

姓名	籍贯	职务	任职年月日
张香山	湖北老河口市	师长	1930年6月25日
余益庵	湖北枣阳市	党代表	1930年6月25日
谢耀武	湖北襄州区	副师长	1930年6月25日
王全成	湖北宜城市	参谋长	1930年6月25日
赵 瑛	湖北襄州区	政治部主任	1930年6月25日
贾步根		政委	1930年10月上旬
曹明久	山西	政治部主任	1930年10月上旬
吴寿青	河南唐河县	师长	1930年12月下旬
张慕骞	湖北枣阳市	政委	1930年12月下旬
赵 侗		师长	1931年2月底
毕昌茂		政委	1931年2月底
程克绳	湖北枣阳市	代理师长	1931年4月初
谢耀武	湖北襄阳区	副师长	1931年4月初
姚洗心	河南镇平县	副师长	1931年4月初
段克祥	山西静乐县	参谋长	1931年4月初

姓名	籍贯	职务	任职年月日
曹明久	山 西	政治部主任	1931年4月初
李仲贤	湖北枣阳市	代理师长	1931年5月上旬
张慕骞	湖北枣阳市	政委	1931年5月
余益庵	湖北枣阳市	师长	1931年5月中旬
马三光		政治部主任	1931年9月

湖北枣阳市琚湾镇高桥铺：中国工农红
军第九军第五总队诞生地。

创建襄（阳）枣（阳）宜（城）革命根据地

　　1930年5月16日，红九军第五总队攻下黄龙垱后，为创建襄、枣、宜革命根据地，余益庵、张香山率领第五总队于6月21日一举攻占了宜东重镇王家集和胡家营。之后，又接连攻克了枣南的平林、新集，随西的齐家店子、清潭镇。6月25日，红九军二十六师以枣西翟家古城为后方基地，在连续两次取得翟家古城保卫战胜利之后，又南征宜城钟祥边境，共作战40余次，歼敌1300多人。至此，一个东至枣阳兴隆，西抵襄阳东津，南到宜城板凳岗，北达襄阳张集，面积达2700多平方公里，人口约40万的革命根据地正式形成。

湖北枣阳市琚湾镇翟家古城：红二十六师后方基地，1930年6月26日和7月26日两次翟家古城保卫战发生地。

湖北枣阳市琚湾镇翟家古城附近的南禅
庵：1930年秋至1932年春，枣阳县苏维
埃政府所在地(照片右上角土堆处为原南
禅庵旧址）。

湖北襄州区峪山镇姚岗村：1930年7月
襄阳县苏维埃政府在此正式成立(系2008
年7月重建)。

湖北宜城市板桥店镇郑家湾：1930年，
宜东一区苏维埃政府机关所在地之一。

铁炮（复制品）：红二十六师在翟家古
城保卫战中使用的武器。

襄枣宜根据地各级苏维埃政府一览表

名　　称	隶属关系	机关住地	管辖范围
宜东一区苏维埃政府	直属鄂豫边区临时省苏维埃政府	新街、郑家湾、余家窝子西湾、板桥店街	管辖18个乡苏维埃政府
第一乡苏维埃政府	属宜东一区苏维埃政府辖	新　街	辖熊家畈、上、下王家湾、白鹤湾等地
第二乡苏维埃政府	属宜东一区苏维埃政府辖	油房湾、张家水寨子	辖金家湾、小湾、高瓦屋等地
老三乡苏维埃政府	属宜东一区苏维埃政府辖	陈家湾	辖舒家湾、杨家窝子、王家湾等地
新三乡苏维埃政府	属宜东一区苏维埃政府辖	两河口中湾	辖陈家台、柏树嘴子、胡家垱等地
第四乡苏维埃政府	属宜东一区苏维埃政府辖	张家淌	辖邱家冲、蛮力海、罗家湾等地
第五乡苏维埃政府	属宜东一区苏维埃政府辖	麒麟湾、田家集	辖嘴子上、金树洼、田家崖子等地
第六乡苏维埃政府	属宜东一区苏维埃政府辖	肖旗营回龙寺、杨家湾	辖柴家大坡、马家湾、杨家湾等地
第七乡苏维埃政府	属宜东一区苏维埃政府辖	两乳山、黄楝树下金斗寺	辖活水田、李家湾、聂家湾等地
第八乡苏维埃政府	属宜东一区苏维埃政府辖	磨石沟、老君潭	辖下马蹄畈、麦芒齐、高家冲等地
第九乡苏维埃政府	属宜东一区苏维埃政府辖	牌坊湾八字门楼	辖熊家湾、长冲张家坡子等地
第十乡苏维埃政府	属宜东一区苏维埃政府辖	王家岗、楼子屋	辖麻家河、朱家湾、卧牛山等
第十一苏维埃政府乡	属宜东一区苏维埃政府辖	能人岗、李家湾、熊家湾、徐家垴、白龙泉	辖胡家老湾、桐树湾、王家冲等
第十二乡苏维埃政府	属宜东一区苏维埃政府辖	黄家榨屋	辖孟家湾、拐子垱、郑家湾等
第十三乡苏维埃政府	属宜东一区苏维埃政府辖	钟孟家湾	
第十四乡苏维埃政府	属宜东一区苏维埃政府辖	王　旗　营	辖白胡、安家垴、龚家营子等地

名　称	隶属关系	机关住地	管辖范围
第十五乡苏维埃政府	属宜东一区苏维埃政府辖	五　房　营	辖范旗营、冯旗营、官庄等地
第十六乡苏维埃政府	属宜东一区苏维埃政府辖	辛　家　畈	辖磨石沟、董家湾、娃子湾等地
第十七乡苏维埃政府	属宜东一区苏维埃政府辖	李家山头	辖雅口、南洲、清水浆等地
襄南二区苏维埃政府	直属鄂豫边区临时省苏维埃政府	土城草庙、南营闸口、李家街、王家集祠堂	辖管辖王家集等9个乡政府
第一乡苏维埃政府	襄南二区	王家集祠堂	辖上、下王家集庞居寺、能家岭等地
第二乡苏维埃政府	襄南二区	李家街	辖李家台子、古河口、田畈等地
第三乡苏维埃政府	襄南二区	王家冲、东铙钹寨	辖柳家湾、逯家冲、龚家坡等地
第四乡苏维埃政府	襄南二区	方家洼子	辖东杨家窝子、响水沟、朱家沟等地
第五乡苏维埃政府	襄南二区	杏仁山寨子	辖杨家圈子、南瓜店、双龙桥等地
第六乡苏维埃政府	襄南二区	涟泗洪庙内、观音堂	辖五车、涟泗洪、南营等地
第七乡苏维埃政府	襄南二区	桐树坡、东营	辖龚家垴、万杨洲、东台等地
第八乡苏维埃政府	襄南二区	丁家营	辖大、小何家营、章家嘴、羊祜汉等地
第九乡苏维埃政府	襄南二区	郝家岭草庙、杨林沟	辖东新屋场、闸口、杨家岭等地
枣阳县苏维埃政府	属鄂豫边区临时省苏维埃政府辖	南禅寺、钱家庙、邵家庙	管6个区苏维埃政府、45个乡苏维埃政府
第一区苏维埃政府	属枣阳县苏维埃政府辖	蔡阳铺西陈庄	管辖7个乡苏维埃

名　称	隶属关系	机关住地	管辖范围
芦坡乡苏维埃政府	属第一区苏维埃政府辖	芦坡	
朱庄乡苏维埃政府	属第一区苏维埃政府辖	朱庄	
西陈庄乡苏维埃政府	属第一区苏维埃政府辖		
黄家小庙乡苏维埃政府	属第一区苏维埃政府辖	黄家小庙	
徐台乡苏维埃政府	属第一区苏维埃政府辖	徐台	
潘垱乡苏维埃政府	属第一区苏维埃政府辖	潘垱	
王岗乡苏维埃政府	属第一区苏维埃政府辖	王岗	
第二区苏维埃政府	属枣阳县苏维埃政府辖	梁集北边的李家冲	管辖11个乡苏维埃政府
董河乡苏维埃政府	属第二区苏维埃政府辖	董河	
董岗乡苏维埃政府	属第二区苏维埃政府辖	童岗	
莫家寺乡苏维埃政府	属第二区苏维埃政府辖	莫家寺	
王湾乡苏维埃政府	属第二区苏维埃政府辖	王湾	
王庄乡苏维埃政府	属第二区苏维埃政府辖	王庄	
舒庙乡苏维埃政府	属第二区苏维埃政府辖	舒庙	
马庄乡苏维埃政府	属第二区苏维埃政府辖	马庄	
陈庄乡苏维埃政府	属第二区苏维埃政府辖	陈庄	

名　　称	隶属关系	机关住地	管辖范围
周岗乡苏维埃政府	属第二区苏维埃政府辖	周岗	
牮牛乡苏维埃政府	属第二区苏维埃政府辖	牮牛	
第三区苏维埃政府	属枣阳县苏维埃政府辖	琚湾附近的彭庄	管辖4个乡苏维埃政府
清凉寺乡苏维埃政府	属第三区苏维埃政府辖	清凉寺	
琚湾乡苏维埃政府	属第三区苏维埃政府辖	琚湾	
高寨乡苏维埃政府	属第三区苏维埃政府辖	高寨	
汤冲乡苏维埃政府	属第三区苏维埃政府辖	汤冲	
第四区苏维埃政府	属枣阳县苏维埃政府辖	惠岗附近的垱南村	管辖5个乡苏维埃政府
惠家官庄乡苏维埃政府	属第四区苏维埃政府辖	官庄	
周庄乡苏维埃政府	属第四区苏维埃政府辖	周庄	
王家祠堂乡苏维埃政府	属第四区苏维埃政府辖	王家祠堂	
惠家湾乡苏维埃政府	属第四区苏维埃政府辖	惠家湾	
六里庙乡苏维埃政府	属第四区苏维埃政府辖	六里庙	
第五区苏维埃政府	属枣阳县苏维埃政府辖	马岗附近的观音堂	管辖4个乡苏维埃政府
侯岗乡苏维埃政府	属五区苏维埃政府辖	侯岗	

名　称	隶属关系	机关住地	管辖范围
草寺乡苏维埃政府	属五区苏维埃政府辖	草寺	
观音堂乡苏维埃政府	属五区苏维埃政府辖	观音堂	
邓寨乡苏维埃政府	属五区苏维埃政府辖	邓寨	
第六区苏维埃政府	属枣阳县苏维埃政府辖	柏湾	管辖3个乡苏维埃政府
柏湾乡苏维埃政府	属第六区苏维埃政府辖	柏湾	
李湾乡苏维埃政府	属第六区苏维埃政府辖	李湾	
北竹园乡苏维埃政府	属第六区苏维埃政府辖	北竹园	
枣南三区苏维埃政府	直属鄂豫边区临时省苏维埃政府	平林店西南的何家湾	管辖7个乡苏维埃政府
泉眼乡苏维埃政府	属枣南三区苏维埃政府辖	泉眼	
李家老庄乡苏维埃政府	属枣南三区苏维埃政府辖	李家老庄	
高冲乡苏维埃政府	属枣南三区苏维埃政府辖	高冲	
北棚乡苏维埃政府	属枣南三区苏维埃政府辖	北棚	
李楼乡苏维埃政府	属枣南三区苏维埃政府辖	李楼	
雷湾乡苏维埃政府	属枣南三区苏维埃政府辖	雷湾	
雷湾乡苏维埃政府	属枣南三区苏维埃政府辖	雷湾	
襄阳县苏维埃政府	属鄂豫边区临时省苏属维埃政府辖		

名　　称	隶属关系	机关住地	管辖范围
襄东一区苏维埃政府	属襄阳县苏维埃政府辖	柏家祠堂、袁家小庙、吴家岗	管辖13个乡苏维埃政府
黄龙乡苏维埃政府	属襄东一区苏维埃政府辖	黄龙	
太山庙乡苏维埃政府	属襄东一区苏维埃政府辖	太山庙	
耿集乡苏维埃政府	属襄东一区苏维埃政府辖	耿集	
草庙乡苏维埃政府	属襄东一区苏维埃政府辖	草庙	
姜家庙乡苏维埃政府	属襄东一区苏维埃政府辖	姜家庙	
方集大庙乡苏维埃政府	属襄东一区苏维埃政府辖	大庙	
石家河林芭里乡苏维埃政府	属襄东一区苏维埃政府辖	林芭里	
朱家岗乡苏维埃政府	属襄东一区苏维埃政府辖	朱家岗	
阴阳寺乡苏维埃政府	属襄东一区苏维埃政府辖	阴阳寺	
卢子湾乡苏维埃政府	属襄东一区苏维埃政府辖	卢子湾	
赵家寨乡苏维埃政府	属襄东一区苏维埃政府辖	赵家寨	
赵家庙乡苏维埃政府	属襄东一区苏维埃政府辖	赵家庙	
李岗潘湾乡苏维埃政府	属襄东一区苏维埃政府辖	李岗	
新三区苏维埃政府	属襄阳县苏维埃政府辖	黄家水寨	管辖5个乡苏维埃政府
葡萄寺乡苏维埃政府	属新三区苏维埃政府辖	葡萄寺	

名　称	隶属关系	机关住地	管辖范围
独树岗乡苏维埃政府	属新三区苏维埃政府辖	独树岗	
王岗乡苏维埃政府	属新三区苏维埃政府辖	王岗	
陈岗乡苏维埃政府	属新三区苏维埃政府辖	陈岗	
张家祠堂乡苏维埃政府	属新三区苏维埃政府辖	张家祠堂	
新四区苏维埃政府	属襄阳县苏维埃政府辖	郭家槽坊	管辖6个乡苏维埃政府
一乡苏维埃政府	属新四区苏维埃政府辖	方集	辖泉水庙、龚湾、吴河、韩家洼等地
二乡苏维埃政府	属新四区苏维埃政府辖	胡家大桥	辖吴家上头、吴子口、陈家集、吴家庙等地
三乡苏维埃政府	属新四区苏维埃政府辖	七家店子	辖万家大山、柴口、长山坪、杨家山等地
四乡苏维埃政府	属新四区苏维埃政府辖	泉水庙	辖柳湾、月儿冲、泉水庙、桃园等地
五乡苏维埃政府	属新四区苏维埃政府辖	裴家庙	辖鲍家湾、大庙冲、王家寨、赵家嘴等地
六乡苏维埃政府	属新四区苏维埃政府辖	陈家集	辖东与二乡接界、南至万龙桥、西到淳河等地

组建中共鄂豫边区特委
成立鄂豫边区革命委员会

　　正当襄枣宜革命根据地蓬勃发展之时，中共鄂北特委委员、组织部长傅良驹被捕叛变，使汉水沿岸八个县委同时遭到严重破坏，特委书记聂鸿钧被迫离开鄂北，鄂北特委陷于瘫痪。而此时南阳中心县委因受左倾冒险主义的影响，导致先后发动的"杨虎城部兵变"，桐柏县、邓县起义先后失败，党的组织亦遭严重破坏。至此，党中央采取果断措施，整合鄂北、豫西南两地党组织，于1930年10月在河南邓县白落堰成立中共鄂豫边区特别委员会和鄂豫边区革命委员会，统一领导鄂豫边区的革命斗争。

河南邓县龙堰乡政府：1930年10月，中共鄂豫边区特别委员会诞生地。原名邓县白落堰乡。

河南南阳市区解放路北端龙亭：中共鄂豫边特委机关所在地。

湖北枣阳市琚湾镇蔡阳铺白马寺旧址：1930年农历8月26日，鄂豫边区革命委员会在此召开万人大会，庆祝边区革命委员会成立。之后边区革命委员会机关驻翟家古城。

中共鄂豫边区特委主要领导人一览表

姓 名	籍 贯	职 务	任职时间	备 注
郝久亭		书 记	1930年10月	1931年2月11日,中共中央决定鄂豫边特委隶属中央领导
宋良猷	湖北丹江口市	常 委	1930年10月	
陈雪怀	湖北枣阳市	常 委	1930年10月	
沈宗源		书 记	1931年10月	

鄂豫边革命委员会主要领导一览表

姓 名	籍 贯	职 务	任职时间	备 注
程克绳	湖北枣阳市	主 席	1930年10月	
吴寿青	河南唐河县	常 委	1930年10月	
杜亚良	湖北枣阳市	常 委	1930年10月	
吴寿青	河南唐河县	主 席	1931年6月	
雷 振	湖北襄州区	副主席	1931年6月	
张慕骞	湖北枣阳市	常 委	1931年6月	
徐仲武		常 委	1931年6月	
马清安		常 委	1931年6月	

挥师豫南，攻克唐河县城

　　中共鄂豫边特委成立后，面对重重困难，遂决定集中红军主力，挥师豫南，攻打唐（河）泌（阳）桐（柏）三县，解决红军粮草、弹药之不足，开辟新的根据地，与襄、枣、宜根据地连成一片。1930年11月22日，红二十六师及赤卫队共计1000多人在枣阳郑岗召开攻打唐河县城誓师大会，当晚向唐河进发。一路上接连攻下了枣北的草店、太平镇、黄蛮子营、三户刘和唐南的张博士店、画山寨，于29日夜抵进唐河县城，在城外东南角文笔峰下设立攻城指挥部，连夜发起攻城战役。其具体战术是：红二十六师七十六团担任主攻，架云梯由城东南角攻入，潜伏城内的民团中队长张鹤祥率队接应；七十七团、七十八团则从南门攻入。经一夜激战，于30日拂晓攻下唐河县城，共缴获长短枪300多支，战马70多匹及大量银元、物资。30日，以吴寿青为主席的唐河县苏维埃政府宣告成立。

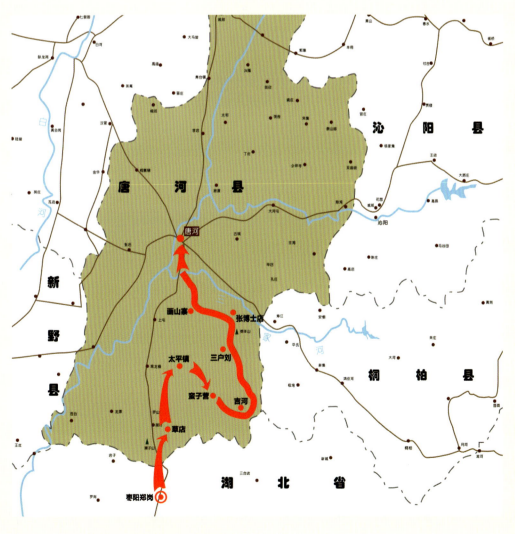

红二十六师北上攻打唐河县城进军路线图。

红二十六师北上攻打唐河县城场景。

红三军挺进鄂西北，创建均房谷南保根据地

　　1931年5月，红三军在贺龙、邓中夏的率领下北上荆（门）、当（阳）、远（安）地区受挫之后，一路突围至均（县）、房（县）、谷（城）地区，开辟新的革命根据地。5月15日，红三军在谷城薤山游击队的配合下，攻占谷城重镇石花街，在抚州会馆召开了前敌委员会会议，决定占领均县县城，创建以均县为中心的包括房（县）、保（康）、谷（城）、南（漳）在内的鄂西北根据地，但因后来攻占郧县县城受挫而未能实现。其后，又折回房县创建了以房县为中心的均(县)、房(县)、谷(城)、南(漳)、保(康)革命根据地。

贺龙（1896－1969），湖南桑植县人。1926年参加北伐战争。1927年任南昌起义总指挥，同年加入中国共产党。历任红四军军长、红二军团总指挥、红三军军长、红二、六军团总指挥兼湘鄂川黔革命委员会主席和军区司令员、红二方面军总指挥、八路军120师师长、晋绥军区兼晋绥野战军司令员、第一野战军副司令员、西北军区司令员等职。新中国成立后，任中央人民政府人民革命军事委员会副主席、国务院副总理兼体委主任、中央军委副主席等职。1955年被授予元帅军衔，中共第七届中央委员、第八届政治局委员。1969年被迫害致死，终年73岁。

邓中夏（1894－1933），湖南宜章县人。1920年协助李大钊创建北京共产主义小组，是我党的创建者之一。1927年，参加党的八七会议，被选为中央临时政治局候补委员。1928年赴莫斯科，任中华全国总工会驻赤色职工国际代表。1930年回国，任湘鄂西特委书记、红三军政委、前敌委员会书记。1932年任全国赤色互济会总会主任兼党团书记。1933年5月被捕，9月21日在南京雨花台英勇就义，时年39岁。

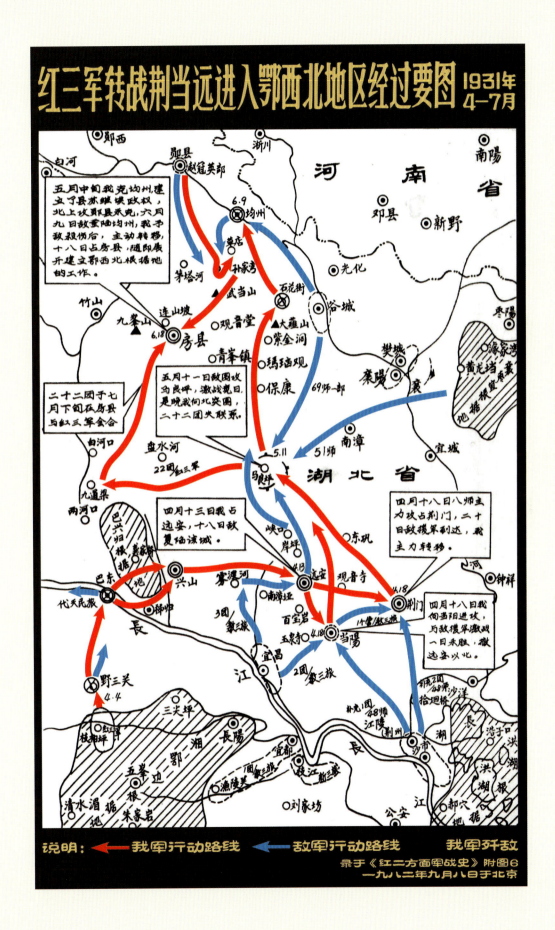

湖北谷城县石花街抚州会馆：红三军
前敌委员会石花街会议旧址。

红三军攻占均县县城。

中共鄂西（北）分区临时特别委员会机关、房县苏维埃政府机关旧址。1931年5月23日，红三军占领房县县城，为加强党对鄂西北地区的领导，经中共鄂豫边特委同意，红三军在房县组建了中共鄂西（北）分区临时特别委员会，柳直荀任书记。

柳直荀（1898-1932），又名克明，湖南长沙人。1920年加入青年团，1923年加入中国共产党，1926年任湖南区委委员，省农民协会秘书长。1927年参加八一南昌起义。后历任中共顺直省委秘书长、中共中央长江局秘书长、中共中央军委长江局特派员、红军第二军团政治部主任兼六军政委、红三军政治部主任、中共鄂西（北）分区临时特委书记兼中共房县县委书记。1932年9月，在监利周老嘴遭受左倾路线迫害被错杀，时年34岁。

毛泽东主席在《蝶恋花·答李淑一》词中所提到"柳"，即指柳直荀烈士。

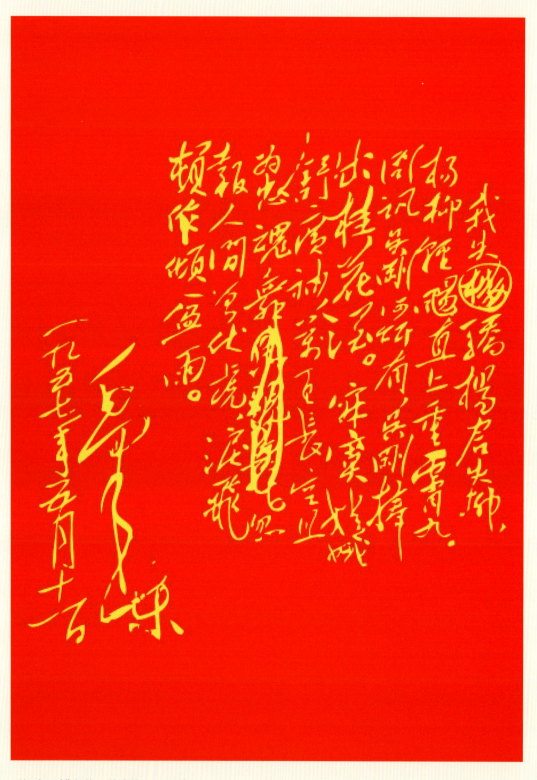

毛泽东《蝶恋花·答李淑一》手迹。

均房谷南保根据地各级苏维埃政府一览表

名称	隶属关系	机关驻地	管辖范围
房县苏维埃政府	属鄂豫边区临时省苏维埃政府辖	城关西街天主教堂	辖14个区苏维埃政府、105个乡苏维埃政府
城郊一区苏维埃政府	属房县苏维埃政府辖	城关白露	
下店二区苏维埃政府	属房县苏维埃政府辖	军店	
杜川三区苏维埃政府	属房县苏维埃政府辖	桥上	
马栏四区苏维埃政府	属房县苏维埃政府辖	马栏	
黄杨五区苏维埃政府	属房县苏维埃政府辖	黄杨树	
高枧六区苏维埃政府	属房县苏维埃政府辖	高枧	
龙坪七区苏维埃政府	属房县苏维埃政府辖	龙坪	
窑厂八区苏维埃政府	属房县苏维埃政府辖	窑厂	
狮子岩九区苏维埃政府	属房县苏维埃政府辖	狮子岩	
门古寺十区苏维埃政府	属房县苏维埃政府辖	门古寺	
青峰十一区苏维埃政府	属房县苏维埃政府辖	青峰	
范家垭十二区苏维埃政府	属房县苏维埃政府辖	范家垭	
盘水十三区苏维埃政府	属房县苏维埃政府辖	三淌河	
大木十四区苏维埃政府	属房县苏维埃政府辖	大木厂	
均县苏维埃政府	属鄂豫边区临时省苏维埃政府辖	小店子福音堂	管辖3个区、1个市苏维埃政府
浪河市苏维埃政府	属均县苏维埃政府辖	小店子黄合新家	
浪河区苏维埃政府	属均县苏维埃政府辖	小店子中华宫	管辖12个乡苏维埃政府
青莫乡苏维埃政府	属浪河区苏维埃辖政府	红庙垭子庙内	
馆驿乡苏维埃政府	属浪河区苏维埃政府辖	馆驿街火星庙	

名称	隶属关系	机关驻地	管辖范围
青石铺乡苏维埃政府	属浪河区苏维埃政府辖	青石铺街朱光辉家	
土关垭乡苏维埃政府	属浪河区苏维埃政府辖属浪河区苏维埃政府辖	土关垭子中院	
汤湾乡苏维埃政府	属浪河区苏维埃政府辖	汤湾的大瓦屋院内	
道仙乡苏维埃政府	属浪河区苏维埃政府辖	王家油坊	
戴湾乡苏维埃政府	属浪河区苏维埃政府辖	戴湾祝马沟	
丁家营乡苏维埃政府	属浪河区苏维埃政府辖	饶祖铺	
殷家河乡苏维埃政府	属浪河区苏维埃政府辖	白玉庵	
六家坪乡苏维埃政府	属浪河区苏维埃政府辖	王家院	
薄湾乡苏维埃政府	属浪河区苏维埃政府辖	十家院	
浪河乡苏维埃政府	属浪河区苏维埃政府辖	小店子陈家锅厂	
吕家河区苏维埃政府	属均县苏维埃政府辖	吕家河泰山庙	管辖8个乡苏维埃政府
西河乡苏维埃政府	属吕家河区苏维埃政府辖	西河泰山庙	
吕家河乡苏维埃政府	属吕家河区苏维埃政府辖	吕家河姚洪莫家	
大屋场乡苏维埃政府	属吕家河区苏维埃政府辖	大屋场秦和礼家	
赵家坪乡苏维埃政府	属吕家河区苏维埃政府辖	赵家坪王四少家	
火星庙乡苏维埃政府	属吕家河区苏维埃政府辖	火星庙	
赵家垭乡苏维埃政府	属吕家河区苏维埃政府辖	赵家垭徐天邦家	
杉沟乡苏维埃政府	属吕家河区苏维埃政府辖	杉沟西坡	
分道观乡苏维埃政府	属吕家河区苏维埃政府辖	分道观陈云阁家	
盐池河区苏维埃政府	属均县苏维埃政府辖	盐池河湾窑凸上	管辖11个乡苏维埃政府
侯家沟乡苏维埃政府	属盐池河区苏维埃政府辖	侯家沟胡家院	
黄草坡乡苏维埃政府	属盐池河区苏维埃政府辖	彭家老屋彭汉民家	
高店河乡苏维埃政府	属盐池河区苏维埃府政辖	天池胡世芳家	

名称	隶属关系	机关驻地	管辖范围
老庄子乡苏维埃政府	属盐池河区苏维埃政府辖	符家院符汉章家	
"武南群村"乡苏维埃政府	属盐池河区苏维埃政府辖	紫霄宫东天门	
水竹园乡苏维埃政府	属盐池河区苏维埃政府辖		
长滩河乡苏维埃政府	属盐池河区苏维埃政府辖		
分水岭乡苏维埃政府	属盐池河区苏维埃政府辖		
水田沟乡苏维埃政府	属盐池河区苏维埃政府辖		
两河口乡苏维埃政府	属盐池河区苏维埃政府辖		
张家坡乡苏维埃政府	属盐池河区苏维埃政府辖		
马寄岭乡苏维埃政府	属盐池河区苏维埃政府辖		
谷城县苏维埃政府	属鄂豫边区临时省苏维埃政府辖	薤山洋堂内	管辖28个乡苏维埃政府
谷城县苏维埃政府	属谷城县苏维埃政府辖		
岛岩沟乡苏维埃政府	属谷城县苏维埃政府辖		
九里坪乡苏维埃政府	属谷城县苏维埃政府辖		
白庙沟乡苏维埃政府	属谷城县苏维埃政府辖		
兴隆寺乡苏维埃政府	属谷城县苏维埃政府辖		
雷祖店乡苏维埃政府	属谷城县苏维埃政府辖		
小沟乡苏维埃政府	属谷城县苏维埃政府辖		
温坪乡苏维埃政府	属谷城县苏维埃政府辖		
张坊乡苏维埃政府	属谷城县苏维埃政府辖		
月亮畈乡苏维埃政府	属谷城县苏维埃政府辖		
溜石乡苏维埃政府	属谷城县苏维埃政府辖		
姚家坡乡苏维埃政府	属谷城县苏维埃政府辖		

名称	隶属关系	机关驻地	管辖范围
龙滩乡苏维埃政府	属谷城县苏维埃政府辖		
财神庙乡苏维埃政府	属谷城县苏维埃政府辖		
大林坡乡苏维埃政府	属谷城县苏维埃政府辖		
三官庙乡苏维埃政府	属谷城县苏维埃政府辖		
官坊乡苏维埃政府	属谷城县苏维埃政府辖		
玛瑙观乡苏维埃政府	属谷城县苏维埃政府辖		
金牛寺乡苏维埃政府	属谷城县苏维埃政府辖		
甘峰乡苏维埃政府	属谷城县苏维埃政府辖		
白家堰乡苏维埃政府	属谷城县苏维埃政府辖		
苍峪乡苏维埃政府	属谷城县苏维埃政府辖		
莲花庵乡苏维埃政府	属谷城县苏维埃政府辖		
铜山乡苏维埃政府	属谷城县苏维埃政府辖		
真武观乡苏维埃政府	属谷城县苏维埃政府辖		
黄瓜河乡苏维埃政府	属谷城县苏维埃政府辖		
活动石乡苏维埃政府	属谷城县苏维埃政府辖		
九里岗乡苏维埃政府	属谷城县苏维埃政府辖		
马良区苏维埃政府	直属鄂豫边区临时省苏维埃政府	马良坪	管辖9个乡苏维埃政府
鸡冠河乡苏维埃政府	属马良区苏维埃政府辖		
八斗坪乡苏维埃政府	属马良区苏维埃政府辖		
孟家湾乡苏维埃政府	属马良区苏维埃政府辖		
水田乡苏维埃政府	属马良区苏维埃政府辖		
重阳乡苏维埃政府	属马良区苏维埃政府辖		

名称	隶属关系	机关驻地	管辖范围
两峪乡苏维埃政府	属马良区苏维埃政府辖		
格栏坪乡苏维埃政府	属马良区苏维埃政府辖		
店垭乡苏维埃政府	属马良区苏维埃政府辖		
白蜡乡苏维埃政府	属马良区苏维埃政府辖		
寺坪区苏维埃政府	直属鄂豫边区临时省苏维埃政府	蒋口江西会馆	管辖6个乡苏维埃政府
台口乡苏维埃政府	属寺坪区苏维埃政府辖		
板庙乡苏维埃政府	属寺坪区苏维埃政府辖		
铺湾乡苏维埃政府	属寺坪区苏维埃政府辖		
宦家坪乡苏维埃政府	属寺坪区苏维埃政府辖		
柳园铺乡苏维埃政府	属寺坪区苏维埃政府辖		
简家坪乡苏维埃政府	属寺坪区苏维埃政府辖		
光迁镇苏维埃政府	直属鄂豫边区临时省苏维埃政府	光迁镇"万茂荣"斋铺	管辖8个乡苏维埃政府
二堂乡苏维埃政府	属光迁镇苏维埃政府辖		
三溪沟乡苏维埃政府	属光迁镇苏维埃政府辖		
王湾乡苏维埃政府	属光迁镇苏维埃政府辖		
黄土岭乡苏维埃政府	属光迁镇苏维埃政府辖		
土门乡苏维埃政府	属光迁镇苏维埃政府辖		
黄堡坪乡苏维埃政府	属光迁镇苏维埃政府辖		
刘家坡乡苏维埃政府	属光迁镇苏维埃政府辖		
黑水池乡苏维埃政府	属光迁镇苏维埃政府辖		

湖北谷城县薤山洋人堂：谷城县苏维埃
政府机关旧址。

湖北南漳县板桥镇雷家坪上坪东头屋：
雷坪苏维埃政府旧址。

汤慕禹（1903—1932），又名汤茂如，今重庆市巴南区木调双河乡人。大革命时期加入中国共产党，黄埔军校第四期学员，参加过北伐战争和八一南昌起义，后被派往苏联步兵学校学习。1930年毕业回国，历任红二军团参谋长、红六军军长、红三军教导团团长、中共鄂西（北）分区临时特委执行委员、红九军二十五师师长、红军军事政治学校第二分校总队队长、红八师师长等职。1932年10月在荆门半边街战斗中牺牲，时年29岁。

朱勉之（1904—1932年）；又名观炳、文伟，今湖北武汉市江夏区法泗镇人。1928年加入中国共产党。后曾奉命到西北军方振武部工作。1930年转赴湖洪苏区，任红二军团二军政治委员、湘鄂西军事委员会保卫局局长、红三军七师政委、中共鄂西（北）分区临时特委执行委员、红九军二十五师政委。1932年2月，奉命与汤慕禹率红二十五师返回洪湖。不久，受左倾路线迫害被错杀，时年28岁。

第四单元
红色首府

　　1930年11月30日，红二十六师攻占唐河县的壮举，震惊了豫西南和鄂北的反动派，他们调集了两个师的兵力和地方民团共计2万余人，接连对襄、枣、宜根据地进行了三次军事围剿。在左倾路线的干扰下，加之敌我力量悬殊，根据地反围剿斗争接连失利，形势岌岌可危。值此生死攸关之际，贺龙和邓中夏率领红三军主力进军鄂西北地区，缓解了襄、枣、宜根据地的压力，使其获得了恢复和发展。尤其是红三军九师为接应红三军主力回洪湖来到襄、枣、宜根据地，与红二十六师会师，开辟钟（祥）北根据地，则更使襄、枣、宜根据地得以巩固和繁荣。为了加强对根据地领导，鄂豫边区革命委员会和中共鄂豫边区特委分别于1931年5月下旬和12月初由枣阳瞿家古城和南阳城区迁到今宜城市板桥店镇的新街老集市。1932年2月2日，鄂豫边特委召开紧急会议，将中共鄂豫边特委改组为中共鄂豫边区临时省委员会，将鄂豫边革命委员会改组为鄂豫边区临时省苏维埃政府。省委、省政府机关仍驻新街老集市。至此，新街这个名不见经传的山村小集市成了鄂豫边区革命的中心，襄、枣、宜根据地由此进入鼎盛时期。豫西南的革命形势进入快速发展时期。

田家集会师

　　1931年8月初，为迎接红三军主力回师洪湖，红三军九师在段德昌的率领下，一路北上，转战潜江、沙洋、荆门后，到达荆门北的仙居、刘猴，一边等候红三军主力的消息，一边发动群众，组建红军游击队，建立苏维埃政权。然而一个星期过去，仍未等到红三军的信息，红九师只好东渡汉水，进入襄、枣、宜根据地，在宜东的田家集与红二十六会师，继续等候红三军的消息。

湖北宜城市板桥店镇田家集：1931年9月中旬，红三军九师与红九军二十六师会师地。

段德昌（1904–1933），字裕后，号魂，湖南省南县九都山人。1925年加入青年团，同年转入中国共产党。黄埔军校第四期学员，参加过北伐战争，是湘鄂西革命根据地的主要创始人之一。历任中共公安县委书记、鄂西特委委员、红六军副军长、红三军九师师长等职。1933年5月1日，在湖北巴东县金果坪江家村，被左倾路线执行者错杀，时年29岁。1944年4月，中共六届七中全会为他平反昭雪。1952年4月，毛泽东主席亲自为他签发了中华人民共和国中央人民政府第一号烈士证书。1988年10月，中央军委下文正式确认他为我军建军史上36位军事家之一。

湖北宜城市流水镇高楼村高楼集：1931年9月下旬，钟北区高楼集乡苏维埃政府在此成立。

湖北宜城市刘猴镇陈湾村：
1931 年 9 月 23 日陈湾乡苏维
埃政府在此成立。

宜城市刘猴镇西街一角：红三军前
委扩大会议旧址。1931 年 9 月 28
日，红三军在宜城刘猴集西街召开
团以上干部参加的前委扩大会。会
上，传达了中央的决议，改变了
三军的政治路线，确定了三军的
行动。

根据地内的各项事业建设

　　红三军的到来，使得襄、枣、宜，均、房、谷、南、保两大根据地进入空前巩固和发展时期。为了切实解决根据地人民对革命的诉求，根据地内的党组织在开展政治和军事斗争的同时，亦十分重视根据地内的各项事业建设，其中，尤以党组织发展、政权建设、土地改革、经济建设和文化教育事业为重中之重。一时间内，根据地呈现出一派生机勃勃的景象。

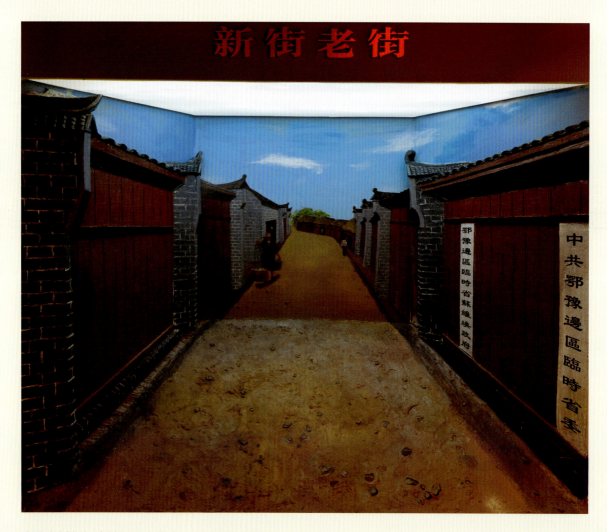

湖北宜城板桥店镇新街老集市：中共鄂豫边特委、鄂豫边革命委会和中共鄂豫边临时省委、鄂豫边临时省苏维政府机关驻址。

党的建设

发展党员的对象	重点是对分配土地坚决的、对敌斗争勇敢的、工作积极的贫雇农分子。
党员候补期	贫农出生的，2个月；中农出生的，3个月；富农出生和其他成分出生的，在4个月以上。
各级党组织例会制度	一、区委常委会3天一次，最多不超过5天；二、区执委会7天一次，最多不超过10天；区支联席会一月一次，全区活动分子或党员大会一月一次；支部委员会3天一次，最多不超过5天；支部联系会7天一次。每次会议的决议案，区委必须上报县委，支部必须上报区委。
十大纪律	1、保守秘密；2、服从纪律；3、服从上级；4、服从决议案；5、按期开会；6、主席有工作报告；7、开会人人发言；8、不准泄漏机密；9、不宜留在党内的开除党籍；10、犯有严重罪行的枪毙。

党员入党宣誓油画。誓词：严守秘密，
服从纪律，牺牲个人，阶级斗争，努力
革命，永不叛党。

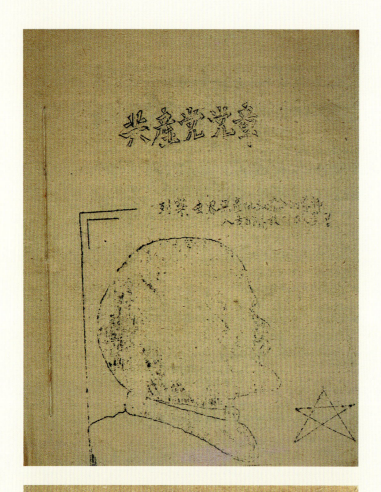

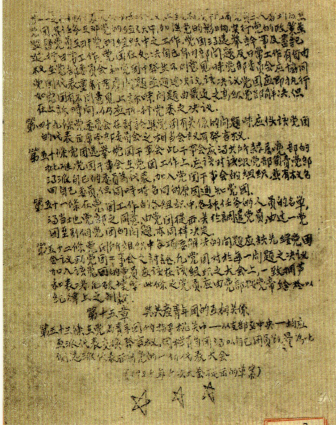

党章（复制件）：为加强党员的组织观念教育，根据地印刷了党章供党员学习。

政权建设

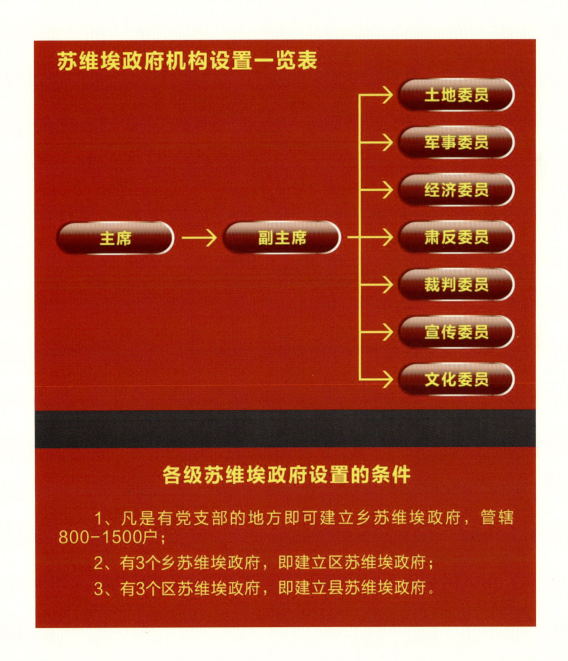

苏维埃政府机构设置一览表

主席 → 副主席 →

- 土地委员
- 军事委员
- 经济委员
- 肃反委员
- 裁判委员
- 宣传委员
- 文化委员

各级苏维埃政府设置的条件

1、凡是有党支部的地方即可建立乡苏维埃政府，管辖800-1500户；

2、有3个乡苏维埃政府，即建立区苏维埃政府；

3、有3个区苏维埃政府，即建立县苏维埃政府。

马灯：宜东一区苏维埃政府工作
人员夜晚出行照明用具。

灯盏：宜东一区苏维埃政府机关
办公照明用具。

军事建设

边区、县、区革命武装设置一览表

名　称	性　质	职　责	备　注
红九军二十六师	脱产	保卫边区党政组织，打击国民党反动军队、地方民团对边区的干扰破坏	边区正规部队
赤卫队	脱产	保卫苏区、配合红军作战	地方武装的主力部队
警卫队	脱产	保卫党委和苏维埃领导机关，维护社会治安、镇压反革命分子	由政治可靠的青壮年组成
赤卫军	不脱产	平时生产、放哨、战时配合红军、赤卫队作战	苏区内贫、雇、中农出生的青壮年必须参加
守备队	不脱产	放哨、肃反、维持治安、传递情报	身体病弱的中、青年农民

大刀：赤卫军队员使用的器械。

大刀：赤卫军队员使用的器械。

矛：当年宜东二区桐树棵乡苏维埃政府少年儿童团团员白生刚站岗放哨时使用的武器。湖北宜城市南营办事处桐树村四组白生刚捐赠。

猎枪枪管：当年宜东一区八乡先锋队队长桂祖茂烈士使用的猎枪枪管。
湖北宜城市板桥店镇沙河村七组张明成（桂祖茂外甥）捐赠。

117

土地改革

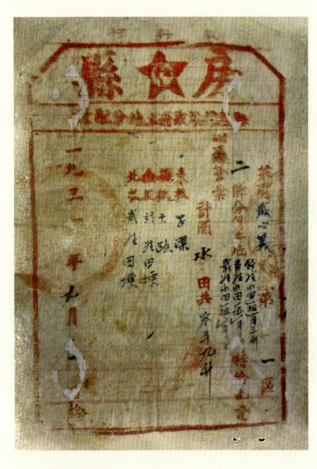

房县苏维埃政府颁发的土地分配证（复制件）。

中央關於鄂豫邊特委工作決議

——一九三一、二、十一·中央通過——

一、過去鄂豫邊黨是長期的脫離中央指導，因此，很長的時期是完全執行了機會主義的錯誤路線，如南鄉案對杨虎臣的幻想，鄂北黨專以打土匪去號召農民群眾，以致全放棄了土地革命的任務，不去註意發動農案作反軍閥地主群眾的鬥爭，反以和平發展的臨時的放分上富聲甚至小塊主任了不少的歉日，當的征綱機制大多數是在過些破份和知識分子的掌握中，過遲是形成富路操阳縣土地革命任務資產進行的重要原因。過種現象直到現在仍表現是非常嚴重的問題。

二、在立三路綫統治新富的時代，鄂豫邊案是立三路綫發展最好的基礎，正套用一套「左」一銀窄綫擋蓋了一切機會主義的消極，因此，紅軍雖有了相當發展，然而在赤色墓城內的土塊仍未分配，蘇維埃政懷也沒有建立，紅軍並沒有能徹底廣大群眾為分配土地而鬥爭的過程中達生，極固包容，許多去補富縣茲份，以致紅軍甚至做出違反農利益的行動（如逃走跑了，紅軍向的縣民牧塊主的相，）至於紅軍前鄭州發展甚是不正確的方針。

三、在立三路綫的同盟罷工，造方棄動口應之下，鄂豫滲黨在實際上完全紒馳了城市工作，黨在城市中的組織與影響度有發展，在互動敎冶周城的黨村中不去做真正毅動廣大農民群眾的鬥爭，反帝運動基一致的忽剩，最近鄂北的破傻中伸

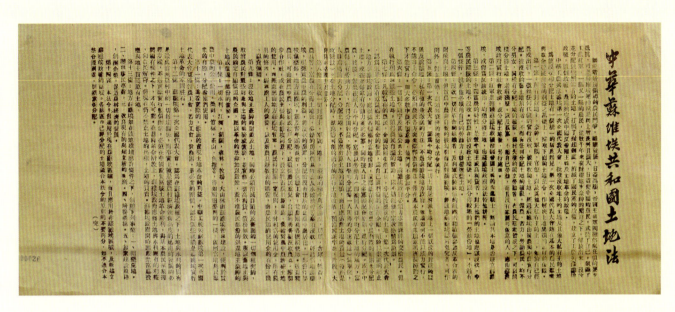

《中华苏维埃共和国土地法》（复制件），于1931年12月1日经中华工农兵苏维埃第一次全国代表大会通过。该法规定"无代价没收地主、军阀、官僚地主的土地，经过苏维埃由贫农与中农分配"。

《土地问题决议案大纲》：1931年9月，中共湘鄂西特委第一次紧急会议通过。该大纲规定了党在农村土地革命中的策略是："抓住雇农贫农，联合中农，反对富农"，提出了划分农村阶级的标准。鄂豫边区襄、枣、宜和均、房、谷、南、保两个根据地的土地改革，就是在以上几个文件的指导下进行的。

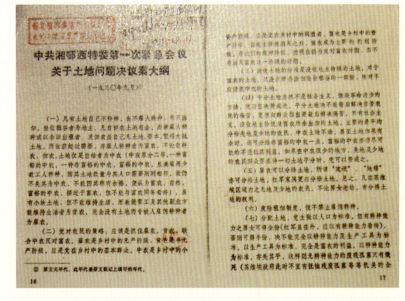

农民分配土地的油画。

经济建设

子弹：边区子弹厂生产的子弹。子弹壳：边区子弹厂生产的子弹，主要是利用这些旧弹壳，再换火、装药、安弹头而成。

湖北宜城市板桥店镇新街村陡沟：鄂豫
边区子弹厂旧址。子弹厂共有 8 名工人，
每天生产 500 发步枪子弹。

湖北宜城市板桥店镇范湾村范家湾一角：
鄂豫边区枪炮厂旧址。枪炮厂鼎盛时有
80 多名工人，除修理枪炮外，还先后生
产了 100 多支新枪。

湖北宜城市板桥店镇新街村陡沟：鄂豫边区被服厂旧址。被服厂可日产红军军装数十套，此外，还生产子弹袋、米袋、银元袋等。

汉江东岸，上游自章家咀，下游至官庄两处征收航运税的关卡油画：1930 年，鄂豫边区为了扩大财政收入，分别在汉江东岸的章家咀和官庄两个码头设立了航运税征收关卡。规定：凡敌人军用船只和资本家的商船一律没收，一般商船按 20% 的税率缴税通过。

纸币（复制件）：1931年，为活跃经济，均、房、谷、南、保根据地在房县县城开办了鄂北农民银行，开展储蓄和信贷业务，并发行了苏区纸币。

银元：1931年，鄂北农民银行发行的金属货币。

文化教育卫生事业

湖北襄州区峪山镇星火村大月儿冲：列宁小学旧址。鄂豫边区文化委员会提出"苏维埃创办免费学校，专教育工农子弟，培养成为工农大众谋利益的人"。当年襄、枣、宜根据地内共开办列宁小学 63 所，有学生 2100 多名。

湖北房县北街实验小学：鄂北红色干部学校旧址。为适应革命斗争的需要，襄、枣、宜根据地先后共举办了四期干部培训班，培训区、乡党政机关干部 500 余人。均、房、谷、南、保根据地共举办了两期干部培训班，每期 3 个月。

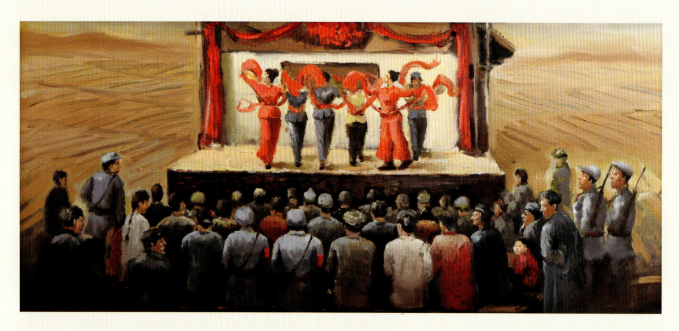

为了扩大革命影响，边区政府成立了 3 个直属宣传队，每个区亦有一个宣传队。他们采取集会演讲、搭台演戏、教唱革命歌曲、书写标语口号等形式宣传党的方针政策、英雄模范人物。当年，边区政府在新街老集市西面的 6 亩旱地里搭了一固定舞台，规定每月农历初二，各地宣传队按时到这里举行文艺汇演。图为新街老集市西边 6 亩旱地里的戏台油画。

药箱：为使伤病员能得到及时救治，红九军二十六师设立了前方医院和后方医院。此为后方医院院长王克勤烈士当年所使用的药箱（王克勤女儿王观秀、儿子王观清捐赠）。

铝合金盒子：红九军二十六师医院用于
蒸煮注射器和针头的器具。

湖北宜城板桥店镇范湾村张家
湾：红九军二十六师后方医院总
部旧址。

第五单元

红旗不倒

正当襄枣宜革命根据地处于兴盛繁荣之时，1931年10月，中共中央发出了《给鄂豫边特委的指示信》，认为右倾机会主义在边区党内仍占统治地位，提出"边区党目前中心任务，是在同党内右倾机会主义做坚决的斗争"等一系列极左主张。同时派沈宗源等一行六人来到边区，对特委进行改组，强行通过了《接受中央对鄂豫边特委指示信的决议》。从此，左倾冒险主义在鄂豫边得以全面推行。政治上，开展所谓的反"改组派"斗争，错误地处理甚至杀害了一批富有斗争经验，为革命作出过重大贡献的党员干部，造成了群众对党的恐惧。军事上，面对强敌的第四次围剿，先是不知所措，继而又不自量力"硬拼"，之后又丧失信心逃跑，最后又是死守苏区，消极防御，导致襄、枣、宜革命根据地于1932年6月完全落入敌人之手。6月底中共鄂豫边临时省委机关迁至白区河南南阳城内，另组建中共鄂豫边区临时省委苏区代表团，留守苏区坚持工作。11月12日晚，苏区代表团在襄州区黄龙垱召开武装暴动骨干分子会时，遭到当地团防局的合围，书记王君恩等人被捕，成员曹久明、戴秀森当场牺牲。11月28日，临时省委再次组建了苏区代表团，但因环境异常恶劣，工作始终未能开展起来。1933年6月，因叛徒的出卖，迁至南阳城内的临时省委遭到严重破坏，苏区代表团也随之解体。

红三军主力撤离房县后，留下了红九军二十五师，坚守均、房、谷、南、保根据地。1931年11月上旬，国民党以重兵围剿均、房、谷、南、保根据地。根据地军民在中共鄂西(北)分特委的领导下，开始了艰苦卓绝的反围剿斗争。正当根据地军民同仇敌忾，准备收复反围剿开始时主动放弃的房县县城时，中共湘鄂西中央分局于1932年2月上旬，向鄂西(北)分特委发出指示信，责令红二十五师主力，原红三军教导团速返洪湖苏区。红二十五师主力撤离后，均、房、谷、南保根据地很快被国民党反动军队占领。

鄂豫边两个革命根据地相继丧失，中共鄂豫边临时省委遭受重挫，鄂豫边革命再一次面临严重危机。对此，鄂豫边区的共产党人再一次用行动表现出了他们那种与生俱有的、百折不饶的革命精神，其中最杰出的代表是鄂豫边临时省委委员张星江、临时省委技术书记仝中玉、泌阳县委书记张旺午。在他们的带领下，鄂豫边区人民又进入到一个极为艰苦的斗争时期。

中共鄂边临时省委主要负责人一览表

姓　名	籍　贯	职　务	任职时间	备　注
沈宗源		书　记	1932 年 2 月 2 日	
宋良猷	湖北丹江口市	组织部主任	1932 年 2 月 2 日	
陈雪怀	湖北枣阳市	宣传教育部代主任	1932 年 2 月 2 日	
谭忠余	上海宝山区	代理书记	1932 年 2 月底	因沈宗源擅自逃跑回中央
宋良猷	湖北丹江口市	代理书记	1932 年 3 月 16 日	因谭忠余调回中央工作
陈雪怀	湖北枣阳市	代理主持工作	1932 年 3 月 16 日	因宋良猷正在鄂豫皖开会未归
王君恩	湖北襄州区	代理书记	1932 年 4 月 8 日	
郝久亭		组织部长	1932 年 4 月 8 日	
陈雪怀	湖北枣阳市	宣传部长	1932 年 4 月 8 日	
宋良猷	湖北丹江口市	代理书记	1932 年 7 月初	

鄂豫边临时省苏维埃政府主要负责人一览表

姓　名	籍　贯	职　务	任职时间	备　注
王明鹤	湖北襄州区	主　席	1932 年 2 月 2 日	
郝久亭		副主席	1932 年 2 月 2 日	
李　政		行政委员会主席 文化委员会	1932 年 2 月 2 日	
吴寿清	河南唐河县	裁判委员会主席	1932 年 2 月 2 日	
程克绳		土地委员会主席 劳动委员会	1932 年 2 月 2 日	
沈宗源		工农检查委员会主席	1932 年 2 月 2 日	
陈宗莹（女）		妇女生活改善委员会主席	1932 年 2 月 2 日	
郝久亭		军事委员会主席	1932 年 2 月 2 日	
谭忠余	上海宝山区	政治保卫局局长	1932 年 2 月 2 日	

组建临时工委，整顿党的组织

1931 年 12 月，国民党反动派开始对鄂边区根据地发动第四次围剿。面对强敌，根据地内的党政军充满了失败主义情绪。为扭转如此不利局面，中共鄂豫边特委在大多数执委的要求下，于 1932 年 2 月 2 日至 3 日在新街召开紧急会议。会上，以"特委失掉了信仰"为由，改组中共鄂豫边区特委为中共鄂豫边区临时省委，改组鄂豫边区革命委员会为鄂豫边区临时省苏维埃政府。反围剿失败后，临时省委于 6 月 5 日决定将临时省苏维埃政府工作人员全部编入游击军内，临时省委迁往河南南阳城内，转入地下活动。1933 年 6 月，因叛徒出卖临时省委遭受严重破坏，临时省委被迫解体。

在鄂豫边临时省委遭受严重破坏的紧急关头，张星江、仝中玉、张旺午果断决定，分头联系各县党组织，于 1933 年 7 月初在新野县上凤鸣村去南阳的船上（后又改走陆路）召开各县代表会议，成立中共鄂豫边区临时工作委员会，承继鄂豫边临时省委的职责，继续领导鄂豫边人民进行艰苦卓绝的革命斗争。会议推举张星江任临时工委书记，仝中玉任组织部长，张旺午任宣传部长。

▶

河南新野县樊集镇上凤鸣村白河渡口：1933 年 7 月初，在中共鄂豫边临时省委遭到严重破坏后，张星江、仝中玉、张旺午三人挺身而出，召集各县党组织负责人由此登船（中途因故又改走陆路，边走边开会），召开中共鄂豫边临时工作委员会成立会议。

张星江（1907–1936），河南省唐河县毕店镇人。1927年加入青年团，1928年转为中共党员，曾任中共唐河县委书记、南阳中心县委书记、鄂豫边临时省委委员、鄂豫边临时工作委员会书记。1935年7月，他和王国华共同主持将鄂豫边工委和豫南党组织合并，组成中共鄂豫边省委，被选举为书记。1936年1月，组建鄂豫边区红军游击队，兼任政治指导员，着手创建鄂豫边游击根据地。3月28日，在与国民党军队的遭遇战中牺牲，时年29岁。

仝中玉（1908–1994），字杰三，曾用名钟渝，河南省唐河县人。1928年加入中国共产党，曾任中共唐河县南区区委委员、南阳中心县委书记、鄂豫边区临时省委技术书记、鄂豫边临时工作委员会组织部长、鄂豫边区省委组织部长、书记、河南军区组织部长等职。新中国成立后，历任南阳地委宣传部长、河南省委组织部副部长兼省人事局局长、河南省农委副主任、省政协副秘书长、河南省委纪律检查委员会筹备组负责人。1994年因病去逝，享年86岁。

张旺午（1910-1995），又名张炳南，河南省泌阳县杨家集人。1927年加入中国共产党，曾任中共泌阳支部书记、泌阳县委书记、南阳城区区委书记、鄂豫边临时工作委员宣传部长、鄂豫边省委委员、竹沟中心县委书记、竹沟地委书记、河南省委组织部长、豫南行署专员等职。新中国建立后，历任湖北省政府副秘书长、财政厅厅长、省政府副省长、省委常委、省人大常委会副主任等职。1995年12月病逝，享年85岁。

《鄂豫边临时工委给唐河县委的指示信》（复印件）：鄂豫边临时工委成立后，针对各县党组织存在的问题，及时地发出指示信，提出明确的整改要求，以加强党的组织建设。

135

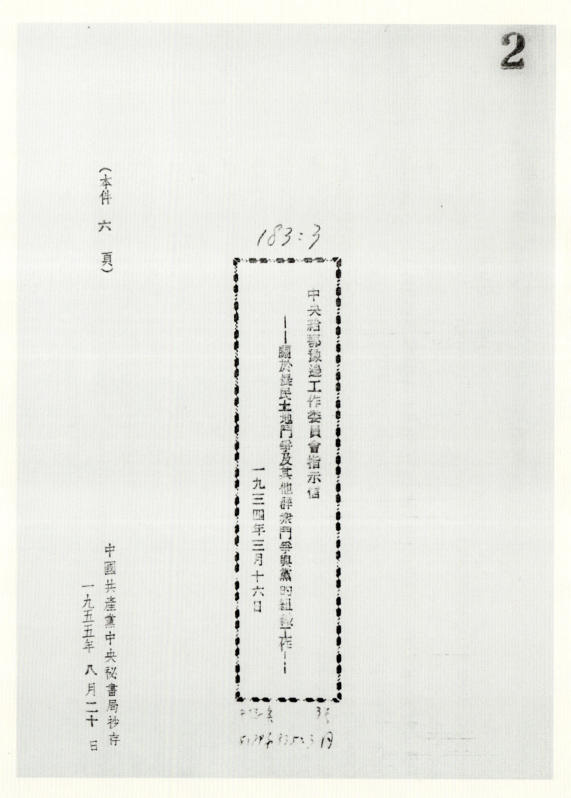

2

183:3

（本件 六 頁）

中央給鄂豫邊工作委員會指示信

——關於農民土地鬥爭及其他群衆鬥爭與黨的組織工作——

一九三四年三月十六日

中國共產黨中央秘書局抄存

一九五五年 八月二十 日

《中央给鄂豫边工作委员会指示信》（复印件）：1934 年 1 月，张星江代表鄂豫
边区前往瑞金列席了党的六届五中全会，并向中央汇报了鄂豫边区工作。中央
根据他的汇报，向鄂豫边区发出指示信，并由他带回鄂豫边区贯彻落实。

存18/5（內外毛邊）

中央給鄂豫邊工作委員會指示信　一九三四 16/3 寫

中央聽了××同志關于你們最近工作的報告以後，給你們有以下幾個具體工作的指示：

（一）去年五月鄂豫邊省委遭受了敵襲後你們自動召集各縣代表會議，成立工作委員會，積極的恢復各縣組織與工作，當此時期，你們雖然與中央斷絕了關係，但你們仍是艱苦的工作著，這種自動的工作精神與積極性，是值得我們稱贊的，布爾扎維克在任何困難的條件下，應該任何不疲倦的工作，這是我們黨的特點。但是同志們，在你們這一時期的工作當中雖然有上述的成績，還是有缺點的，你們雖然恢復了各縣黨的組織，但還未能很好的去領導群眾的鬥爭，有個別同志認爲「鄂豫邊群眾不好，對紅軍蘇維埃是擁護的，但是在白色恐怖壓迫下，群眾不敢起來鬥爭」或者以爲「要領導群眾鬥爭只有把黨的組織恢復健全以後才行」，這種意見是不對的。同志們應當曉得鄂豫邊群眾在他們不能維持下去的痛苦的生活上，受了蘇維埃紅軍偉大的影響，他們是需要而且願意起來鬥爭的，只要我們黨堅決的正確的領導，他們會沖破白色而的壓迫，而堅決起來鬥爭的，較遠的事實，譬如鄂北群眾在黨領導之下曾創造了鄂北蘇區，較遠的事實會如湯河數百農民在黨領導之下起來分地主豪紳糧食，都可以證明群眾並不是在白色恐怖下不敢鬥爭，主要的問題是我們黨沒有去很好的領導。同時黨去領導廣大群眾鬥爭，不是只有等待到黨的組織健全以後，黨的組織上健全擴大是十分重要的，現在必須繼續擴大黨的組織，吸收大批的工人層農貧農入黨，但是黨同時必須加緊群眾工作，組織廣大的工農群眾在黨

一、1

《鄂豫边工作委员会第一次扩大会议决议案》（复印件）：1934年4月中旬，张星江由瑞金返回鄂豫边区后，立即召开扩大会议，传达党的六届五中全会精神和中央指示，通过了《鄂豫边工作委员会扩大会议决议案》。会议还根据中央指示，正式组建了新的鄂豫边工作委员会。张星江任书记，张旺午任组织部长，全中玉任宣传部长。

0084

鄂豫边工作委员会通告第一号
——组织问题·城市工作·群众斗争工作——

同志们：

目前为确定我们党的整个工作，必须对以下九项用十二分的坚决精神执行出来，逐项根据本海各机关当地工作状况，逐条进行：

一，健全上下级组织严密上下级关系：

根据各地工作报告，工作最近不但没有新的进展，反又有退却的现象，组织上又发现了许多不正确的倾向，有些地方负指导责任的人，成份多半是地主小资产阶级。党的组织开展也充分带了感情联络的作用，日常的关系，完全是横的关系，都互相知道；有些地方支部小组到现在还没有建立，没有上下级指导的关系，指导机关代替了支部工作，整天尽东跑西奔，结果没有一点成效。下级组织在和平发展中，工作任务就统没有执行。因此各地立即注意改造党的成份，绝对制止横的关系，支部小组应属上建立起来，县委，特支以五人，三人为数建立起来，集体指导，提拔干部，组织关系应固定，指导机关的某部与某部发生关系，以两处为限，不准超过两处以上。

二，集体指导：过去因为指导机关不去集体指导工作，形成了工作没有系统的开展，负责人整天只有走路的工夫，工作上的时间简直很少，对于训练工作，提拔干部，整个斗争的布置，都实给于了很大的影响。所以我们今要便以有系统的开展工作，实行训练，计划，提拔干部，指导机关必须厉行集体指导：第一，负责人要常常集中对于某个问题的解决，意见要一致；第二，指导工作要绝对按照决议案来执行。

三，提拔干部：过去因为指导机关不集体指导，没有整个的提拔干部与训练干部的计划，一般的负责人多是地主小资产阶级，对于斗

—1—

《鄂豫边工作委员会通告第一号》（打印件）：鄂豫边工委第一次扩大会议后，接着召开了第一次常委会议，重点"讨论执行中央指示的具体办法"。会后，鄂豫边工委发布了第一号通告，要求各县立即召开扩大会议，认真贯彻常委会会议精神。

游击战争显神威

　　在鄂豫边区开展游击战争，是鄂豫边工委太白顶会议（1934年8月）根据中央指示信精神做出的决定。在实施的过程中，虽然接连发生了鄂豫边支队独立营被打散，南召县党组织遭受破坏，桐柏县白莲会议被围剿等严重事件。但张星江、仝中玉、张旺午他们并没有被这些失败所吓倒，而是重振旗鼓，继续战斗。首先，他们为了加强对游击战争的领导，主动与豫南党组织加强横向联系，并于1935年8月底，将两地党组织整合到一起，成立了中共鄂豫边省委，加强党的领导；其次，他们"转变做法，以直接组织游击队为中心任务，将主要领导力量放在布置游击战争这一工作上"，终于在1936年1月，靠"两支半枪"成立了鄂豫边红军游击队，拉开了豫南桐柏山区游击战争的序幕。

河南桐柏县太白顶：1934年8月，鄂豫边工委在此召开各县代表会议，传达中央六届五中全会和中华苏维埃第二次全国代表大会精神，决定党要坚决的领导群众发动游击战争。

河南唐河县毕店镇，1935 年 8 月，中共鄂豫边工委和
豫南党组织在此开会，将两地党组织合并，成立中共鄂
豫边省委。

王国华（1890–1970），外号王老汉，河南省确山县韩庄乡大
王庄人。1926 年参加革命，1932 年加入中国共产党。历任确山
县委书记、河南省委委员、鄂豫边省委宣传部长、组织部长、书
记、鄂豫边红军游击队指导员、豫南人民抗日军独立团政委、新
四军驻河南竹沟留守处主任兼司令部司令员、豫南省委委员等职。
1940 年 2 月赴延安出席党的七大，被毛主席亲切地称为"我们
的农民领袖"、"我们的王老汉"。新中国成立后，历任河南省
农协会副主席、河南省第一届政协副主席、省人民政府副省长、
省第二届、第三届政协副主席等职务。1970 年 2 月含冤逝世，
终年 80 岁。

河南桐柏县平氏孤峰山：1936 年 3 月，鄂豫边省
委书记张星江等领导鄂豫边红军游击队孤峰山庙
会夺枪旧址。

河南桐柏回龙榨楼：鄂豫边红军游击队
活动基地。

河南省泌阳县邓庄铺大槐树：1937年10月中旬，鄂豫
边省和红军游击队负责人根据党中央《关于南方各游击
区域工作的指示》，在此召开会议，将红军游击队改编
为"豫南人民抗日军独立团"。从此，鄂豫边区党的工
作开始汇入即将到来的抗日洪流之中。

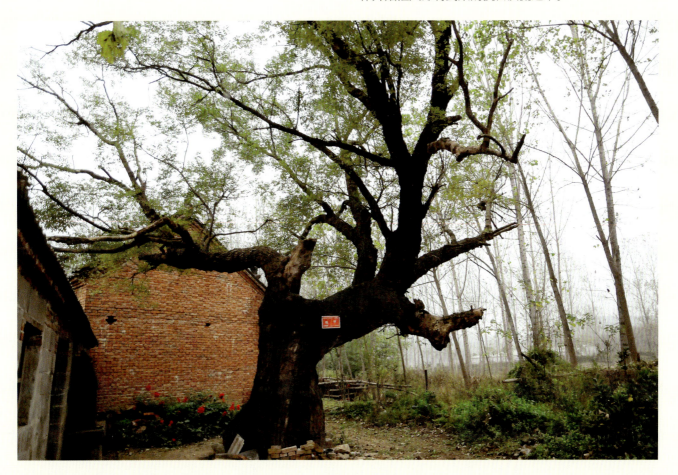

精神永存

　　鄂豫边区是一块英雄的土地，红色的土地。自五四运动以来，鄂豫边区的共产党人和人民群众，在中国共产党的领导下，在中华民族优秀传统文化的熏陶下，在长期革命斗争的实践中，用鲜血、生命和智慧凝炼出了一种令敌人丧胆、令人民鼓舞的精神。这就是："百折不挠、甘于奉献、不怕牺牲、信仰坚定"。它既是鄂豫边区的宝贵财富，也是中华民族的宝贵财富。它像号角，像战鼓，感召、激励了无数个鄂豫边区的共产党人和人民群众，不畏强暴，不辞艰辛，前赴后继，抛头颅，洒热血，为民族的独立，人民的解放，新中国的诞生做出了艰苦卓绝的努力。

自毁其家，以纾革命之难

纪大刚（1885–1933），又名纪伟山，今湖北丹江口市凉水河镇观沟村人。1927年9月加入中国共产党，曾任党支部书记、区委书记、均县农民军副总指挥、均县游击队团长。1933年12月31日，在均县红庙沟被奸细枪杀，时年48岁。

纪大纲出生于一个富农家庭，秉性刚毅豪放，不畏强暴，为人正直，崇尚武功。参加革命前，他面对兵匪交患，民无宁日，毅然在家乡揭竿而起，组建红枪会，习武练功，抵御官匪的欺压和抢劫，参加革命后，他毅然将自家耕种的20亩土地分给贫苦农民耕种，并将他率领的红枪会置于党的领导下，成为均县最早的一支农民革命武装。为了革命，他不惜家里房子被敌人放火烧掉，忍痛让妻子、儿女流亡他乡，誓死同反动派斗争到底。

纪大刚为救济贫苦农民，将自家土地分给他们耕种，不收一分地租。图为纪大刚将自家耕种 20 亩地分给贫苦农民的场面油画。

袁书堂（1884–1930），原名国坤，湖北老河口市袁冲乡人，1926 年加入中国共产党，大革命时期曾任湖北省蒲圻、武昌、黄陂等县县长。之后，历任光化中心县委委员、均（县）、光（化）、谷（城）、襄（阳）、枣（阳）五县暴动总指挥。1930 年 5 月 4 日晚，因在布置暴动计划时走漏风声，会场遭反动民团袭击，袁书堂当场壮烈牺牲，时年 46 岁。

袁书堂回到家乡后，为便于秘密活动，腾出自家三间房屋，开办学校，免费招收贫苦农民子弟入学。他还将他家作为鄂西北各县党组织的联络站，被誉为"红色饭店"。为了筹集党组织活动经费，他主动卖掉了家里的 20 多亩土地和在县城的 3 间铺面，而他全家却以红薯和红薯叶充饥。

袁书堂为了资助革命，卖掉了家里 20 多亩土地和在县城的 3 间铺面。一家人以红薯和薯叶充饥。图为袁书堂一家围坐在一起吃蒸熟的红薯和喝用薯叶煮的汤的油画。

为了革命，不惜家破人亡

程克绳长子，共产党员程正恒于 1928 年被敌人杀害；长女程桂莲（10 岁）、幼子丙寅（2 岁）在跑反中被冻饿夭折，次女小莲（5 岁）被敌追赶时丢失，其下落不明。

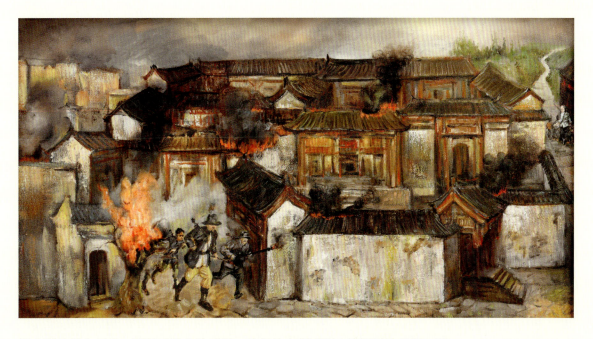

纪大刚的革命行动，引起了敌人的痛恨，他们放火烧了纪大刚家里的房子，妻子儿女被迫流亡他乡谋生。图为纪大刚家 21 间房屋被敌人放火烧掉，妻子儿女远走他乡的油画。

杨世健（1901—1932），湖北宜城市小河镇山河村人，1927年3月加入中国共产党。历任中共宜城县委委员、宜西特区区委书记。1932年6月14日，因叛徒告密被捕，7月5日被敌人残酷杀害。

杨世健出生于书香门第，家境殷实。参加革命后，他将他家作为党组织的交通站，负责传递信件，接送过往同志。为支援宜东苏区反围剿斗争，他变卖自家土地，典当家具，用所得现金秘密购买枪支弹药和药品运往苏区，而他唯一的十七岁儿子得病后，竟因无钱医治而死亡。

杨世健为支援宜东苏区反围剿斗争，变卖了自家土地，典当了家具，导致他唯一的儿子得病后，因无钱医治而死亡。图为杨世健儿子得病后，因无钱医治而死亡的油画。

廉洁奉公，一尘不染

范家义（1897–1932），湖北宜城市南营办事处安家瑙村人。1930年8月加入中国共产党。曾任官庄赤卫队队长，宜东二区赤卫大队大队长等职。

1932年春，乡苏维埃政府见他一心扑在革命事业上，家里无柴烧火煮饭，就给他家里送去了数百斤柴禾。他知道后，严厉地批评妻子张氏，说："我们干革命，当干部不能搞特殊，不能占公家的便宜。占了就是犯罪！占了老百姓就不拥护革命了。"他担心过去还发生过类似事情，就追问妻子，张氏见他这样认真，不敢隐瞒，承认前不久乡政府送来过5斤猪肉，没有付钱。当天，范家义和妻子将柴禾和猪肉钱退还给乡苏维埃政府。

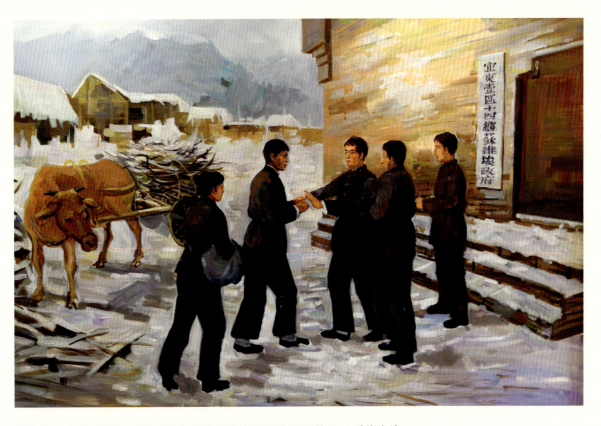

图为范家义和妻子张氏到南州乡苏维埃政府退回柴禾和偿还5斤猪肉钱的油画。

信仰坚定，视死如归

　　1932年6月15日晚，宜东二区赤卫大队大队长范家义、区委委员杨有鹏、杨有鹤和襄阳中心县委委员徐化龙在朱市纸坊头宜西特区区委书记杨世建家的桃园开会时，因叛徒告密，遭朱市民团围攻。除杨有鹏脱险外，杨世健、范家义、杨有鹤、徐化龙等被捕。国民党当局为恐吓宜东苏区百姓，将杨世健、范家义、杨有鹤押解至官庄铲共团。在铲共团的监狱里，刽子手对范家义等3人用尽酷刑，包括用铁钉将他们四肢钉在牢房隔墙的木板上，他们始终坚贞不屈。敌人在无计可施的情况下，于7月5日将他们3人押至汉水东岸的磨盘洲，残无人道地将其杀害。临刑前，铲共队队长范代汉走到范家义面前，威逼说："你说一声不该当共产党，老子给你弄利索点！"范家义蔑视地回答："你要咋弄就咋弄，想要老子悔过万不能！"范代汉一刀割下了范家义的鼻子，又厉声喝道："你喊我三声小爹，老子给你留一只眼睛！"范家义忍着剧痛，顿足怒吼道："你喊老子三声小爷，老子两只眼睛都给你！"刽子手范代汉又凶残地割下了范家义的舌头，见范家义仍怒目而视，又惨无人道地剜掉范家义的双眼，剖腹掏心，砍下四肢和人头，一一抛进了汉江。

　　面对刽子手的威逼恐吓，杨世健和杨有鹤也和范家义一样，表现出了一个共产党员的铮铮铁骨。杨世健一字一顿地说："我悔恨不能亲眼看到你们的可耻下场！不能亲眼看到反动派的彻底灭亡！"杨有鹤也斩钉截铁地对刽子手吼道："共产党人是杀不完的！人民的血债，将来一定要你们偿还！"刽子手们以同样凶残的手段将杨世健、杨有鹤的身体砍成数段，抛进汉江。

　　烈士们的鲜血染红了汉江，汉江顿时失去了往日的喧哗，发出了阵阵低沉的呜咽。这呜咽，是对刽子手们的控诉！这呜咽，是对烈士们离世的哀伤！

　　烈士们虽然没有留下忠骨，没有留下财产，但他们留下的精神，将与日月同辉！

后　记

　　鄂豫边区的革命斗争前后历时九年，她像汉水的波涛，荡污涤浊；像桐柏的松涛，摧枯拉朽。她与鄂豫皖、湘鄂西两大革命根据地互为犄角，三足鼎立，沉重地打击了反动统治阶级，把希望的种子播撒在了鄂豫边区的土地之上。九年之后，面对内忧外患，鄂豫边区人民在中国共产党的领导下，继续艰苦奋斗，顽强拼搏，用鲜血和生命铸成了新的长城。今天，我们在这里举办"红星照耀鄂豫边"主题展览，就是为了宣传、弘扬鄂豫边革命精神，激励鄂豫边区的共产党员和人民群众在实现中华民族伟大复兴的中国梦的征途中，用行动去充实、丰富鄂豫边革命精神的内涵，使其具有鲜明的时代感和鲜活的生命力，成为我们建设新的美丽、富饶、文明的鄂豫边区的精神动力。

　　鄂豫边区革命精神永放光芒！